社長に"もしものこと"があったときの手続きすべて

ひかりアドバイザーグループ 編著

清文社

はしがき

　今年の仕事始めの翌日のことでした。総務が取り次いだ関与先の専務からの電話に、「おめでとうございます、今年もよろしく」と新年の挨拶をしたところ、受話器の向こうからは、いつもの専務らしくない少々気落ちした声が聞こえてきました。

「先生、そうなんですが、実は一昨日、父が亡くなりまして……」
「えっ、今なんておっしゃいました？」
「いや、ですから父が亡くなったと……」
「ええっ、社長がですか！」
「正月三が日は元気にしていたのですが、一昨日、突然に……」
「そうとは知らずに、おめでとうございますなんて失礼なことを……」
「いえ、それはいいのですが……」
　こんなやりとりで、年明け早々に関与先のご不幸に遭遇したのですが、専務との電話はもう少し続きました。

「先生、何しろ突然のことで何をどうすればよいのか、皆目見当がつかない状況です……」
「お悔やみ申し上げるとともに、ご心中をお察しします。」
「ありがとうございます。」
「ここは、ご長男である専務にしっかりと対応してもらわなければなりません。」
「ええ、その覚悟はしているつもりです。」
「事務的なお話になって恐縮ですが、専務にはご遺族としての対応に加えて会社の役員としての対応が求められます。」
「やはり、そうなりますよね。」
「今からでもよければ、事務所でご相談に乗りますが、ご都合はいかがですか。」
「それは心強いです。何しろ初めての経験で何から手をつけたらよいのやらさっぱりわかりません。お忙しい先生の時間を拝借しますが、今からお邪魔しますので、ぜひご指導のほどをよろしくお願いします。」
「いえいえ、日頃お世話になっている者の一人として当然のことです。ご足労ですが、お待ちしています。」
　そうして、その日の午後に事務所の応接室で専務と打合せをすることになりました。

　さて、このように会社のトップが突然に他界されるというアクシデントに遭遇した場合、ご遺族はもちろん、会社の役員やスタッフにとって、「何からどう対応すればよいのか」と戸惑われる方は決して少なくありません。誰しも、このような経験が豊富なはずはありませんから、電話口の専務さんのように少々取り乱しがちになるのもやむを得ないところです。

しかし、残された者が対応しなければならない諸々の手続きは山積しているといっても過言ではありません。まずは葬儀に向けた必要な手続きに始まって、関係先への弔事連絡など、親族と会社のスタッフとが協力し合って粛々と手続きを進めていかなければならない項目が多岐にわたります。ところが、実はこのあたりのことを要領よくまとめたマニュアル的な資料は乏しく、当事者が自らの経験と各方面から収集した情報などで何とかその場をしのいできたというのが実情のように思います。相続に関してお手伝いする機会が少なくない私たちですら、前例を踏襲しつつ、必要に応じて各分野の専門家が必要最小限のアドバイスを個々にさせてきていただいたというのが正直なところです。

　そこで、こうした経験をベースにして「社長に"もしものこと"があったとき」に即応できるよう、親族にとって、また、会社にとって必要な一連の手続きを網羅的に盛り込んだ解説書をまとめることにしました。

　本書を執筆するにあたっては、次のような編集方針で臨みました。

1. 中小企業の社長に"もしものこと"があった場合の諸手続きについて、会社が対応すべき項目と遺族が対応すべき項目をそれぞれ別立てで編集し、当事者の置かれた立場の違いによって要・不要の手続きが容易に理解できるようにすること
2. できるだけ平易な解説に努めるとともに、1項目を原則として2ページの見開きに収めて簡潔にまとめること
3. 見開き2ページの一方には原則として書式例や記入のサンプルなどを掲載し、「すぐに使える」解説書を目指すこと
4. 様々な手続きが多岐にわたることから、各種の専門家がアライアンスを組む「ひかりアドバイザーグループ」傘下の各士業がそれぞれの守備範囲について筆を執ること
5. "もしものとき"に備えるという意味では、生前対策の重要性も高いと考え、会社と個人の双方の立場から、そのポイントについて言及すること

　執筆は相応の経験値を持った者が担当したとはいえ、日常業務の合間に筆を執ったこともあり、上記の編集方針が十分に投影された内容になっているかどうか甚だ自信はありませんが、本書を手にとっていただいた方々から「役に立った」というご評価をいただけることを切に願ってやみません。

　なお、時あたかも民法の相続に関する分野での改正が進められていることから、その情報を紙幅の許す範囲で織り込んだことを申し添えます。

　末筆になりましたが、本書の企画から編集、そして筆の進まない執筆者を上手にマネジメントしていただいた清文社編集部の皆様にこの場を借りて厚くお礼申し上げます。

　　　平成30年5月

ひかりアドバイザーグループ代表

公認会計士・税理士　光田　周史

目　次

第1編　会社が行う手続き

第1章　社長が亡くなった直後に行う手続き

1. 代行者の選任と従業員への説明 …………………………… *002*
   - **COLUMN** 一人代表取締役の会社の場合は要注意 …………… *003*
2. 関係先への通知 ………………………………………………… *004*
3. 社葬の検討 ……………………………………………………… *006*
4. お別れの会の検討 ……………………………………………… *008*
5. 社葬やお別れの会の費用に係る税務 ………………………… *010*

第2章　落ち着いたら行う手続き

1. 弔慰金の支給 …………………………………………………… *012*
   - **COLUMN** 通勤途上の死亡について ……………………………… *013*
2. 役員死亡退職金の支給 ………………………………………… *014*

第3章　社会保険の諸届

1. 被保険者の資格喪失手続き …………………………………… *016*
2. 資格喪失証明書の発行 ………………………………………… *018*
3. 適用事業所関係変更届の提出 ………………………………… *020*
   - **COLUMN** 社長が他の会社の代表者を兼任していた場合 ……… *020*

第4章　後継予定者が行う諸手続き

1. 後継者の決定 …………………………………………………… *022*
   - **COLUMN** 中小企業の事業承継問題 …………………………… *023*

2．後継者が不在の場合 ･･･ *024*
　COLUMN　Ｍ＆Ａって、何？ ････････････････････････････ *025*
3．会社名義の資産や負債などの取扱い ･････････････････････ *026*
4．株式の承継 ･･ *028*
　COLUMN　事業承継税制の拡充 ････････････････････････ *029*
5．株式の承継を円滑に進める特例 ･･････････････････････････ *030*
6．事業用資産の承継 ･･･････････････････････････････････････ *032*

第 5 章　名義変更手続きあれこれ

1．株主名簿の書換え ･･･････････････････････････････････････ *034*
2．相続人などに対する株式売渡請求 ･･･････････････････････ *036*
3．役員変更による新体制への移行 ･･････････････････････････ *038*
4．社長と会社との債権債務の清算 ･･････････････････････････ *040*
　COLUMN　相続債務が相続財産を上回る場合 ･･････････ *041*
5．金融機関取引上の代表者変更手続き ････････････････････ *042*
6．許認可の継続 ･･･ *044*
7．不動産の賃貸借契約の継続 ････････････････････････････ *046*
　COLUMN　一身専属性のある権利義務 ･････････････････ *047*
8．個人名義担保提供不動産の名義変更 ･･･････････････････ *048*
　COLUMN　相続登記未了土地の実態 ･･･････････････････ *049*
9．連帯保証人の地位の承継 ････････････････････････････････ *050*

第 6 章　遺族の相続税に関するサポート

1．取引相場のない株式の評価方法 ･･････････････････････････ *052*
2．自己株式の買取要請への対応 ････････････････････････････ *058*
3．生命保険金受給の有無 ･･････････････････････････････････ *060*

第7章 もしもに備えておきたい生前対策あれこれ

1．名義株への対応 ･････････････････････････････････････ *062*
2．役員借入金対策 ･･････････････････････････････････････ *064*
3．自社株評価引下げ対策 ･････････････････････････････････ *066*
4．議決権の集中対策 ････････････････････････････････････ *068*
　　COLUMN　自社株式の贈与税の納税猶予制度 ･･･････････････ *070*
5．事業承継計画の策定 ･･････････････････････････････････ *071*
6．解散や廃業などの検討 ････････････････････････････････ *074*

第2編　遺族が行う手続き

第1章 社長が亡くなった直後に行う手続き

1．死亡診断書などの入手 ････････････････････････････････ *078*
2．死亡届の提出 ･･･････････････････････････････････････ *080*
3．火葬・埋葬許可の申請 ････････････････････････････････ *082*
4．葬儀・法要の手続き ･･････････････････････････････････ *085*
　　COLUMN　いまどきの葬儀事情 ････････････････････････ *087*
5．新しい世帯主を決める手続き ･･･････････････････････････ *088*
　　COLUMN　世帯主と筆頭者は違う ･･･････････････････････ *089*
6．被扶養者の国民健康保険など ･･･････････････････････････ *090*
7．後期高齢者医療制度の資格喪失 ･････････････････････････ *092*
8．国民健康保険の資格喪失手続き ･････････････････････････ *094*

第2章 落ち着いたら行う手続き

1. 公共料金などの支払方法の変更 ・・・・・・・・・・・・・・・・・・・・・・・・・・・ *096*
2. 免許証やカードなどの返却 ・・・・・・・・・・・・・・・・・・・・・・・・・・・・・・ *098*
3. 所得税の準確定申告 ・・・・・・・・・・・・・・・・・・・・・・・・・・・・・・・・・・・ *100*
4. 埋葬料の受給申請手続き ・・・・・・・・・・・・・・・・・・・・・・・・・・・・・・・・ *102*
5. 家族高額療養費の受給 ・・・・・・・・・・・・・・・・・・・・・・・・・・・・・・・・・・ *104*

第3章 遺族年金などの手続き

1. 未支給年金の請求と受給停止 ・・・・・・・・・・・・・・・・・・・・・・・・・・・ *106*
2. 遺族基礎年金の請求手続き ・・・・・・・・・・・・・・・・・・・・・・・・・・・・・ *108*
   COLUMN 遺族基礎年金と遺族厚生年金の併給 ・・・・・・・・・・・・・・ *109*
3. 遺族厚生年金の請求手続き ・・・・・・・・・・・・・・・・・・・・・・・・・・・・・ *110*

第4章 遺産相続の基本手続き

1. 相続人の調査 ・・・ *114*
2. 相続人になるのは誰か ・・・・・・・・・・・・・・・・・・・・・・・・・・・・・・・・・ *116*
   先取り民法（相続関係）改正 相続人以外の親族の貢献への配慮 ・・・・・ *118*
3. 相続財産の調査 ・・・・・・・・・・・・・・・・・・・・・・・・・・・・・・・・・・・・・・ *119*
   先取り民法（相続関係）改正 相続における配偶者の権利の拡充 ・・・・・ *121*
4. 公正証書遺言の有無の確認方法 ・・・・・・・・・・・・・・・・・・・・・・・・・ *122*
5. 公正証書遺言以外の検認手続き ・・・・・・・・・・・・・・・・・・・・・・・・・ *124*
   先取り民法（相続関係）改正 遺言書の保管制度の創設 ・・・・・・・・・・・ *126*
6. 遺留分の基礎知識 ・・・・・・・・・・・・・・・・・・・・・・・・・・・・・・・・・・・・ *127*
   先取り民法（相続関係）改正 遺留分減殺請求をめぐる改正 ・・・・・・・・ *129*
7. 戸籍の基礎知識 ・・・・・・・・・・・・・・・・・・・・・・・・・・・・・・・・・・・・・・ *130*
8. 住民票の基礎知識 ・・・・・・・・・・・・・・・・・・・・・・・・・・・・・・・・・・・・ *132*

9. 印鑑証明書の取得方法 ... *134*
10. 遺産分割の方法 ... *136*
11. 遺産分割協議書の書き方 ... *138*
12. 遺産分割協議がまとまらない場合 ... *140*
13. 遺産分割調停が成立しない場合 ... *142*
　　COLUMN　調停による解決は得策か ... *143*
14. 遺産分割がまとまらないデメリット ... *144*
15. 未成年者や認知症発症者がいる場合 ... *146*
16. 相続放棄の手続き ... *148*
17. 限定承認の手続き ... *150*

第5章 名義変更手続きあれこれ

1. 銀行口座の名義変更手続き ... *154*
2. 株式の相続手続き ... *156*
3. 生命保険金の請求手続き ... *158*
4. 団体信用生命保険に関する手続き ... *160*
　　COLUMN　生命保険の保険金請求の時効 ... *160*
5. 自動車の名義変更手続き ... *162*
6. 不動産の名義変更手続き ... *164*
7. ゴルフ会員権の名義変更手続き ... *166*
　　COLUMN　ゴルフ会員権の名義書換料 ... *167*

第6章 相続税に関する基本的理解

1. 相続財産の評価の決め方 ... *168*
2. 相続税額の計算 ... *170*
　　COLUMN　相続税対策としての養子縁組 ... *171*

3．相続税の軽減と加重のしくみ･････････････････････････････････ *172*
　　COLUMN　配偶者控除による税額軽減のホンネ ･････････････ *173*
4．小規模宅地の特例①：居住用宅地 ･･･････････････････････････ *174*
5．小規模宅地の特例②：事業用宅地 ･･･････････････････････････ *176*
6．上場株式の評価 ･･ *178*
7．相続税申告書の作成と提出 ･･････････････････････････････････ *180*
8．相続税の納税 ･･ *182*
9．自社株式相続の納税猶予制度 ････････････････････････････････ *184*
10．相続税の税務調査の実情 ････････････････････････････････････ *186*
11．相続税の修正申告と更正の請求 ･･････････････････････････････ *188*

第7章　もしもに備えておきたい生前対策あれこれ

1．遺言の作成 ･･ *190*
　　先取り民法（相続関係）改正　自筆証書遺言の方式緩和 ･････････ *192*
2．生前贈与の活用①：贈与の方法 ･･････････････････････････････ *193*
　　先取り民法（相続関係）改正　配偶者保護のための方策 ･････････ *195*
3．生前贈与の活用②：贈与税 ･･････････････････････････････････ *196*
4．生前贈与の活用③：暦年贈与 ････････････････････････････････ *198*
5．生前贈与の活用④：相続時精算課税 ･･････････････････････････ *200*
6．どうする認知症対策 ･･ *204*
　　先取り民法（相続関係）改正　預貯金の仮払い制度の創設 ･･･････ *206*
　　先取り民法（相続関係）改正　遺産の一部分割の明文化 ･････････ *207*
　　先取り民法（相続関係）改正　遺産分割前の財産処分の取扱い明文化 ････ *208*
　　先取り民法（相続関係）改正　遺言執行者の権限の明確化 ･･･････ *209*

★本書の内容は、平成30年6月1日現在の法律等により記述しています。

第1編

会社が行う手続き

第1章 社長が亡くなった直後に行う手続き

1. 代行者の選任と従業員への説明

> 社長が突然亡くなった場合、できるだけ速やかに後任社長を選任して、新しい経営体制を社内外に周知し、会社の運営や将来に対する不安を払拭することが肝要です。

社長に突然"もしものこと"があった場合、役員や従業員は悲しみや不安で戸惑うことが予想されますが、会社は事業を滞りなく継続していかなければなりません。そのためには速やかに後任の社長を選任して新たな経営体制を構築し、従業員をはじめ関係先に周知することによって動揺を最小限にとどめることが肝心です。

取締役会の開催と新社長の選任

取締役会を設置している会社の場合、残った取締役が3名以上いれば、取締役会で後任社長の選任決議をすることができます。あるいは、取締役会規則で、社長に事故があった場合の手続きについてあらかじめ決めている場合は、それに従います。

しかし、残った取締役が3名未満になった場合には、まず株主総会を開催して新たな取締役を選任し、そのうえで改めて取締役会において後任社長を選任することになります。

いずれの場合にも、後任社長の決定について取締役会議事録を作成し、法務局へ代表者変更の登記を申請する必要があります。

■ 取締役会規則の一例

（取締役会の招集権者および議長）
第○条　取締役会は、法令に別段の定めがある場合を除き、取締役社長が招集し、議長となる。
　2．取締役社長に事故があるときは、前項の招集者および議長は次の順序とする。
　　　第1順位　専務取締役　第2順位　常務取締役

社長職務代行者の選任

後任社長の選任に時間を要する場合は、その間の業務に支障が出ないように、役員や幹部職員が協議のうえで社長の業務や決裁を代行する者を選任します。通常、社長に準ずる席次の取締役が就任するケースが多いようです。また、代行者には法律上の代表権はありませんから、重要な契約などは後任社長が選任されるまで猶予してもらうことになります。

従業員への説明と不安の払拭

規模の小さな会社ほど社長の影響力が強く、社長死亡による会社の運営や将来に不安を覚える従業員が多いと思われますので、速やかに事情を説明して動揺を最小限に抑える必要があります。後任社長決定までの間の代行者を選任した場合は、その旨説明し、代行者によって滞りなく日常業務が進捗することを周知することも大事です。

■ 社長が亡くなった直後の総務担当者のスケジュール（取締役会設置会社の場合）

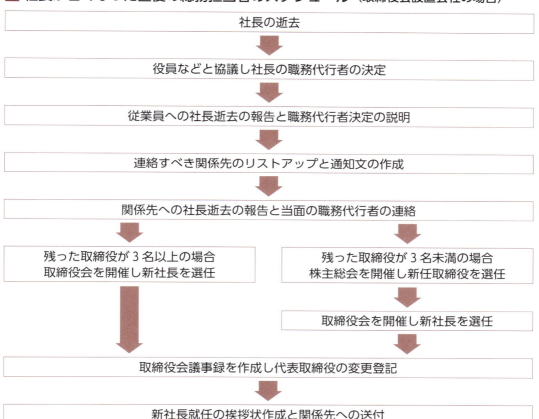

 COLUMN 一人代表取締役の会社の場合は要注意

一人代表取締役の会社で社長が死亡した場合、取締役が不在になり株主総会を招集できませんから、株主が裁判所に申し立てて一時取締役を選任してもらう必要があります。一時取締役は、中立性を確保するため、原則として裁判所が適任と考える弁護士を選任しますが、株主が一時取締役として適任者と思える人物を裁判所に推薦することも可能です。なお、一時取締役には、一般人よりも法律知識があり、株主総会などの招集および会社の運営手続きを滞りなく行える人材が望まれます。

第1章

2.関係先への通知

社長に"もしものこと"があった場合、取引先をはじめとする関係先に対して、社長逝去の第一報と当面の職務代行者を設置した旨を連絡する必要があります。また、社内外の連絡窓口を総務部門などに一本化して混乱を防ぐようにします。

社長の逝去を受けて当面の職務代行者を選任した場合は、会社の取引先や関係団体などすべての関係先へ速やかに通知します。また、社葬を行う場合には、その日時や場所などについても案内する必要があります。後任社長が選任され次第、就任挨拶状を発送して、新しい体制での運営について周知を図るのがよいでしょう。

通知が必要な関係先一覧表の作成

社内の各部署に通知が必要な関係先のリストアップを依頼し、総務部門で集約して関係先一覧表を作成します。また、新聞などへの訃報掲載についても検討します。

■ 通知が必要な関係先

製造部門－下請け先　外注先	購買部門－仕入先
営業部門－販売先	経理部門－取引金融機関　顧問税理士
総務部門－関係団体　顧問弁護士	

通知文書の作成と通知の実行

通知文書を作成し、関係先一覧表をもとに総務部門で一括してメールやFAXなどで関係先に通知し、一覧表で通知もれがないかチェックします。また、通知した関係先からの問合せには、すべて総務部門が対応することを社内に徹底し、受発信情報の一元化を図ります。

取引金融機関との協議

関係先への通知で社長の逝去が周知されることにより、日常業務への影響が懸念される場合があります。特に、取引金融機関へは法人名義預金の代表者変更手続きが完

了するまでの間、旧代表者名で振り出した手形や小切手などの決済に支障がないよう依頼する必要があります。

また、社長個人名義の預金は凍結されますので、個人名義預金からの引落しなどが困難になります。そのため、遺族へ引落し先の変更を依頼しておく必要があります。

■ 関係先への通知書文例

平成30年5月7日

関係先各位

ひかり商事株式会社
専務取締役　ひかり一郎

弊社代表取締役社長逝去のお知らせ

弊社代表取締役社長ひかり太郎（満68歳）が逝去いたしましたので、生前のご厚誼に深謝いたしますとともに、謹んでお知らせ申し上げます。

記

1．氏　名　　　　ひかり太郎
2．死亡日時　　　平成30年5月1日
3．通夜・告別式　密葬にて執り行われました。
4．連絡先　　　　ひかり商事株式会社　総務部
　　　　　　　　電話番号　075（123）4567

＊なお、新社長選任まで、専務取締役ひかり一郎が社長任務を代行いたします。
＊社葬につきましては、後日執り行う予定ですので、詳細につきましては追ってお知らせ申し上げます。

■ 新社長就任の挨拶状文例

謹啓　時下ますますご清祥のことと存じ上げます。平素は格別のご高配を賜り厚く御礼申し上げます。
　さて、私儀　弊社代表取締役社長故ひかり太郎の逝去に伴い、このたび代表取締役社長に就任いたしましたのでお知らせ申し上げます。甚だ未熟ではございますが故人の遺志を引き継ぎ社業の発展に専心努力いたす所存でございますので、何卒前任者同様格別のご指導ご支援を賜りますようお願い申し上げます。まずは、略儀ながら書中をもってご挨拶申し上げます。

謹言

平成30年5月22日

ひかり商事株式会社
代表取締役　ひかり一郎

第1編　第1章　社長が亡くなった直後に行う手続き

第1章

3. 社葬の検討

> 社葬は社業発展に貢献した亡き社長を偲ぶことはもちろん、後任社長を軸とした新たな経営体制が盤石であることを社内外に周知する格好の機会になります。

　社葬は亡き社長を追悼するだけでなく、社内外に新体制発足の披露と新たな方向性を示す絶好の機会です。さらに、社葬を行うべきか否かの判断、どのような規模で行うのか、その日程や式場など決定すべきことは多数あります。突然の訃報を受けてからの限られた時間内で予算や運営方針を慌ただしく決めるよりも、あらかじめ社葬取扱規程を社内で整備しておけば、いざというときにスムーズに対処できるでしょう。

■ 事前に準備しておきたい項目

	項　目	準備内容
①	運営方針	社葬取扱規程をあらかじめ作成しておく
②	葬儀形態	個人葬とは別に社葬を行うのか、喪家との合同葬とするのか
③	寺院・教会	菩提寺、神社、所属教会の確認 【仏式】戒名の確認、僧侶人数 【神式・キリスト教式】神職・教会関係者人数
④	宗教形式	仏・神・キリスト（カトリック・プロテスタント）・その他
⑤	式　場	参列者、会葬者予想人数、葬儀形態、宗教などを考慮
⑥	葬儀委員長	一般的には代表者
⑦	喪　主	令夫人・長男・その他
⑧	弔辞者	葬儀委員長・友人・その他
⑨	香　典	受領・辞退
⑩	供　花	受領・辞退
⑪	遺影写真	遺影写真の選定
⑫	費用負担	会社と喪家の負担割合
⑬	通知先名簿	取引先・役員および従業員・関係会社・OB・その他
⑭	告知方法	新聞：死亡記事（無料）・黒枠広告（有料） FAX：社内通知文例・社外通知文例の作成 その他：案内状持参先・電話やFAXでの連絡先の選別
⑮	運営組織図	受付、案内、接待、車両、広報などの実行運営委員の検討
⑯	葬儀後の対応	挨拶回り・挨拶状・四十九日などの法要の対応

■ 社葬取扱規程の一例

ひかり商事株式会社　社葬取扱規程

第1条（総則）
　社業に功労のあった取締役、元取締役もしくは社員が死亡したとき、本規程の定めるところにより社葬を行う。

第2条（決定）
　本規程による社葬実施は取締役会がこれを決定する。ただし、遺族から社葬辞退の申出があるときは、これを尊重することがある。

第3条（名称）
　前条により執行される社葬の名称は「ひかり商事株式会社　社葬」とする。

第4条（実施基準）
　社葬は次の各号に該当する者が死亡したときに実施する。ただし、変更の必要が生じた場合は取締役会がこれを決定する。
　(1) 現職の会長、社長、相談役
　(2) 退任10年以内の会長、社長、相談役
　(3) 現職の副社長、専務取締役、常務取締役
　(4) 殉職した者

第5条（社葬費用の負担基準）
　前条各号の社葬費用の範囲は次のとおりとする。
　(1) 前条1号、2号および4号の場合
　　　死亡時から社葬終了時までの費用のうち、戒名料、火葬に係る費用を除いた金額
　(2) 前条3号の場合
　　　社葬当日の費用のうち、戒名料、お布施、火葬に係る費用を除いた金額

第6条（葬儀委員長、葬儀委員の決定）
　本規程による社葬は、会長または社長が葬儀委員長となり、その他の役員が葬儀委員を担当する。

第7条（葬儀委員長の責務）
　社葬に関するすべての統括を行う。

第8条（葬儀委員の責務）
　葬儀委員長を補佐し、社葬遂行に努める。

第9条（葬儀実行委員長、葬儀実行委員の決定）
　本規程による社葬は、総務部長が葬儀実行委員長となり、葬儀実行委員を選任する。

第10条（葬儀実行委員長の職務）
　葬儀実行委員会を主催し、実質的な社葬の企画運営を行う。

第11条（葬儀実行委員の職務）
　葬儀実行委員長を補佐し、担当ごとに実質的な社葬業務を行う。

第12条（社業の休務）
　本規程による社葬当日においては、特別な場合を除き社業を休務とする。

第13条（服装）
　社葬当日の服装は、葬儀委員長はモーニング、葬儀実行委員長または葬儀実行委員は略礼服とする。

第14条（改正）
　本規程に改正の必要がある場合は、取締役会の承認を得て改正する。

第15条（実施の期日および主管部門）
　本規程は平成30年5月1日より実施し、この主管は総務部が行う。

第1章

4. お別れの会の検討

最近、「葬儀・告別式は近親者のみで済ませ、後日お別れの会を行う予定です」といった案内を目にする機会が増えていますが、亡くなった社長のお別れの会を会社主導で行うのもひとつの方法です。

葬儀は身内でひっそり、後日改めてお別れの会

葬儀や告別式は親族だけで密葬として執り行い、後日改めて会社関係や友人・知人らを招いてお別れの会を開催するというスタイルが増加しています。葬儀そのものが小型化、シンプル化する流れの中にあって、「とりあえず葬儀は身内だけでひっそりと、後日にお別れの場を設けるのが自然な流れ」と考える企業や団体が増えてきているのも事実です。

お別れの会の企画

お別れの会は、密葬後おおむね2か月以内（あるいは納骨前）を目処に行われる故人を偲ぶセレモニーです。葬儀というと宗教色が前面に出ざるを得ませんが、その点「お別れの会」や「偲ぶ会」などの名称を使用する場合は、宗教色を払拭できる利点もあります。その意味でも、お別れの会は市中のホテルなどで開催される事例が多くなっています。葬送という意味に加えて、故人が生前お世話になった方々への感謝の意を表わす場としてふさわしいと考えられているからでしょう。

お別れの会には、これをやってはいけないといった決まりは何もありません。あくまでも主催者の意向や故人の人柄などから「らしさ」が感じられる会であることが望まれます。

お別れの会の形式

前述のとおり、お別れの会は宗教的な儀式でもありませんから、会の進行にあたって特に決まりがあるわけではありません。ただし、多くの参会者が想定される場合などは、スムーズな進行となるような工夫と配慮は必要でしょう。

巷間、流れ型かセレモニー型かといった進行のスタイルがあるようですが、要は参会者の人数や予算などから総合的に判断すればよいでしょう。

下表に両タイプの概要をまとめておきました。また、案内状の文例についても掲載しておきましたので、参考にしてください。

■ お別れの会の形式

方　式		特　徴	コメント
流れ型	立食	・〇時から〇時までにお越しくださいという案内方法 ・参会者が多数予想される場合 ・参会者の滞在時間は短い。	・参会者を長時間、拘束したくない場合 ・セレモニー（黙とう・追悼の言葉・主催者挨拶・献杯）は不要
セレモニー型	立食	・セレモニーの開始時刻を案内する。 ・参会者の滞在時間は長い。	・一斉の黙とうを行いたい。 ・追悼の言葉をいただきたい。 ・主催者として、全体に対して挨拶したい。 ・参会者代表に、献杯の発声をお願いしたい。 ・参会者と故人のエピソードを語らいたい。
	着席	・高齢者への配慮 ・参加者が多数でない場合	

■ お別れの会の案内状文例

「ひかり太郎　お別れの会」のご案内

　弊社前代表取締役ひかり太郎儀　平成30年5月1日逝去いたしました。ここに生前のご厚誼を深謝し謹んでご通知申し上げます。
　なお、密葬の儀は近親者のみにて相済ませました。つきましては下記のとおり「お別れの会」を執り行いますので、ご来臨賜りますようお願い申し上げます。

記

　日　時　　平成30年6月20日（水）10時〜12時
　場　所　　京都ひかりホテル
　　　　　　京都市中京区烏丸通御池上ル
　　　　　　市営地下鉄烏丸御池駅直結
　電話番号　075（123）4567

　なお、ご来臨の節は平服にてお越しくださいますようお願い申し上げます。また、勝手ながらご香典ご供花の儀は固くご辞退申し上げます。

　平成30年6月1日
　　　　　　　　　　　　　ひかり商事株式会社
　　　　　　　　　　　　　代表取締役・お別れの会実行委員長　ひかり一郎

第1章

5. 社葬やお別れの会の費用に係る税務

> 社葬やお別れの会を会社負担で開催する事例は少なくありませんが、要した費用の全額が会社負担になるわけではありません。当然に遺族が負担すべき費用もありますから、税務上も両者の線引きを明確にしておく必要があります。

社葬費用は、会社の経費として認められるか

税務上、「社葬を行うことが社会通念上相当である」と認められ、かつ、「社葬のために通常要すると認められる費用」であれば、「福利厚生費」として経費（損金）に算入することが認められています。

> （法人税基本通達9-7-19）
> 　法人が、その役員又は使用人が死亡したため社葬を行い、その費用を負担した場合において、その社葬を行うことが社会通念上相当と認められるときは、その負担した金額のうち社葬のために通常要すると認められる部分の金額は、その支出した日の属する事業年度の損金の額に算入することができるものとする。

社葬を行うことが社会通念上相当である場合とは

亡くなった社長の生前における会社への貢献度（会社における経歴、職務上の地位）や死亡事情（業務上、業務外の区別）に照らし、会社が社葬費用を負担するに足る十分な理由があれば、経費（損金）として認められます。したがって、会社への貢献がないのに単に親族であるという理由だけで社葬を執り行っても、福利厚生費として損金処理することは認められません。

社葬費用のうち遺族が負担すべきもの

社葬費用は、社葬を行うために直接必要なものであり、それ以外の費用については、遺族が負担すべきものとされます。具体的には次のようなものです。

・密葬の費用・仏具、仏壇の費用・初七日の費用・墓地霊園の費用・四十九日の費用
・戒名料・香典返しなどの返礼に要した費用・納骨の費用

遺族が負担すべきこれらの費用を会社が

支払ったとしても、社葬費用として損金処理することは認められず、会社と遺族の関係によってその負担した費用は、次のように取り扱われます。

・遺族が役員の場合→役員賞与
・遺族が会社関係者でない場合→寄附金

その他、税務上の疑問点について下表にＱ＆Ａ形式でまとめておきました。

■ 社葬などの費用に係る税務の取扱い

質　問	回　答
社葬のために通常要すると認められる費用とはどのようなものですか？	・社葬の通知、広告に要する費用 ・僧侶へのお布施 ・葬儀場、臨時駐車場の使用料 ・遺族、来賓の送迎費用 ・祭壇、祭具の使用料 ・交通整理などの警備員の費用 ・供花、供物、花輪、樒の費用、運転手、葬儀委員への心付け ・受付用テント、照明器具などの使用料 ・遺族、葬儀委員への飲食代 ・受付備品、案内紙、会計備品の費用 ・会葬者への礼状や粗品代
領収書のない寺院へのお礼などは、社葬費用として認められますか？	社葬費用には僧侶の読経料や葬儀委員への心付けなど領収書がもらいにくいものもあります。これらの費用についても、税務上原則として損金に認められますが、なるべく領収書かこれに類する支払書を入手するようにします。また、領収書は会社負担の読経料と遺族負担の戒名料に分けてもらいます。なお、どうしても入手できない場合は、次善の策として不祝儀袋の表（住職名記載）、裏（金額記載）の写しを残しておきます。
会葬者にふるまった精進落としの費用は、社葬費用として認められますか？	精進落としは、葬儀後の法要の一環として行われるものであり、基本的には遺族が負担すべき費用として、社葬費用には含まれません。しかし、会葬者の多くが取引先などの会社関係者である場合には、遺族やその親族が飲食されたものを除き、会社の交際費として取り扱います。
合同葬を行う場合の費用負担方法はどうすればよいでしょうか？	主催会社が関連会社を有する場合、共催して社葬を行うことも少なくないと思います。その場合、その関連会社が費用を負担することに相当の理由があるかどうかおよびその負担する金額が適正であるかどうかが税務上問題になります。 特に法令、通達などでその按分基準が明確にされているわけではありませんので、それぞれの会社の業績に対する故人の貢献度合い、職務上の地位、企業規模、会葬者に占める各会社の関係者の割合などを総合的に勘案して決定します。なお、関連会社が、合理的な基準もなく、不相当に高額な負担をしている場合には、関連会社からの寄附金や遺族である役員への賞与として認定されることもあります。

第2章 落ち着いたら行う手続き

1. 弔慰金の支給

> 亡くなった社長の遺族に支給する弔慰金は、社会通念上相当な金額であれば、福利厚生費として会社の経費に計上することができます。

　弔慰金とは、亡くなられた方を弔い、遺族を慰める趣旨で支給される金銭のことをいいます。そして、その金額が社会通念に照らして妥当であれば、会社の福利厚生費として処理することができます。

　なお、社会通念に照らして過大と判断される弔慰金が支給された場合は、その超えた部分は亡くなった社長への退職金の一部とみなされます。

　相当な金額の基準については、税務上、明確な規定がないことから、あらかじめ弔慰金規程を設けておき、それに従って支給するのが得策です。

　実務上は、相続税における弔慰金の非課税限度額を参考にする事例が多いようです。

■ 相続税法上の弔慰金の非課税限度額

業務上の死亡の場合	最終報酬月額×3年分
業務外の死亡の場合	最終報酬月額×6か月分

弔慰金の課税関係

　亡くなった社長の遺族が受け取る弔慰金の課税関係は、次のとおりです。
・相続税：非課税限度額までは課税されません。
・所得税：課税されません。
・贈与税：課税されません。

業務上か業務外かの判断

　ここでいう「業務」とは、亡くなった社長の業務として割り当てられた仕事をいい、「業務上の死亡」とは、この業務に起因する死亡または業務と相当の因果関係があると認められる死亡のことをいいます。

　労働法では、業務上の死亡の判断を次の2つの視点から行いますが、相続税法においても同様の判断基準で取り扱うこととされています。
・業務遂行性：「死亡が業務遂行中に生じたもの」
・業務起因性：「死亡と業務との間に因果関係があること」

業務上の死亡の例

業務上の死亡とされるものは次のとおりです。
・自己の業務遂行中に発生した事故により死亡した場合
・出張中または赴任途上において発生した事故により死亡した場合
・職業病が原因で死亡した場合
・作業中断時の事故であっても、業務行為に付随する行為中の事故により死亡した場合

■ 役員弔慰金規程の一例

役員弔慰金規程

第1条（目的）
　この規程は、役員に対して弔慰金を支給することを目的とする。
第2条（適用範囲）
　本制度による弔慰金規程は取締役および監査役に適用する。
第3条（受給資格）
　役員が死亡により退任したときは、その遺族に支給する。
第4条（支給額）
　金額は業務上または業務外に応じて下記のとおりとする。
　・業務上の死亡の場合……最終報酬月額×3年分
　・業務外の死亡の場合……最終報酬月額×6か月分
第5条（支給時期）
　弔慰金の支給時期は原則として取締役会の決議または承認後2か月以内とする。ただし、やむを得ない事情により支給が困難な場合には、取締役会の承認を得て延期することができる。
第6条（その他）
　この規程に定めなき事項については、取締役会で協議決定する。
第7条（施行日）
　この規程は、平成30年5月1日より施行し、施行後に退職する役員に対して適用する。

COLUMN 通勤途上の死亡について

相続税では、通勤途上の死亡は業務上の死亡に準じた取扱いになっています。一般的に、通勤途上の災害は業務遂行性も業務起因性も認められないので、業務上の災害とは認められていなかったところ、昭和48年9月に労災保険の法律改正により通勤災害についても業務上の災害に準じて保険給付が行われることになったため、相続税もこれに準じて通勤途上の死亡を業務上の死亡として取り扱うことになったのです。

第2章

2. 役員死亡退職金の支給

> 亡くなった社長の社業発展に対する労に報いる意味で死亡退職金を支給することを検討しましょう。死亡退職金は受け取る遺族にとっても社長亡き後の生活保障でもありますから、税制上も優遇されています。

役員死亡退職金は法律的には役員に対する報酬の一種です。また、遺族にとっては社長亡き後の生活保障的な最後の所得であることから税制上においても税負担が少なくなるしくみになっています。

支給する金額の多寡について特に規制はありませんが、その性格上、金額決定が恣意的になりやすいことから、それを牽制する意味で税務上は上限規制が設けられている点に注意してください。

弔慰金と同様に、退職金についても社内規程を整備しておき、金額が恣意的に決められたものでないことを説明できるようにしておくことが大切です。

役員退職慰労金の課税関係

役員の死亡により、遺族が受け取った死亡退職金のうち、役員の死亡後3年以内に支給することが確定したものは相続財産とみなされ、相続税の課税対象となります。

この死亡退職金を相続人が受け取った場合には、次の金額まで非課税となります。
【死亡退職慰労金の非課税限度額】
　500万円×法定相続人の数

役員退職慰労金の算定方法（功績倍率方式）

一般的には功績倍率方式で計算することが多いようです。

　役員死亡退職金額 ＝ 死亡時の最終報酬月額 × 役員在任年数 × 功績倍率

■ 役員退職慰労金支給の流れ

①株主総会で支給額、支給時期、支給方法を決定する
・役員退職慰労金の支給は、株主総会の決議が必要となります。

②役員退職慰労金を支給する
・株主総会で決議した内容に基づいて、支給します。

■ 役員退職慰労金規程の一例

役員退職慰労金規程

第1条（総則）
　当社の取締役または監査役（以下、役員という）が退職したときは、株主総会の決議を経て役員退職慰労金を支給することができる。

第2条（目的）
　この規程は、役員の退職の場合に役員在任期間中の功労に報い、退職後における役員または遺族の生活の安定に寄与することを目的とする。

第3条（適用の範囲）
　この規程は、全役員に適用する。ただし、次の各号のいずれかに該当する場合は、役員退職慰労金を減額し、または支給しないことがある。

1. 退職にあたり、所定の手続きおよび事務処理などをなさず会社業務の運営に支障をきたす場合
2. 退職にあたり、会社の信用を傷つけ、または在任中知り得た会社の機密をもらすことによって、会社に損害を与えるおそれのある場合
3. 在任中不都合な行為があり、役員を解任された場合
4. その他前各号に準ずる行為があり、取締役会で減額ないし不支給を適当と認めた場合

第4条（算定基準）　＊功績倍率方式の場合
　役員退職慰労金の算定は、次の各項目をそれぞれ乗じた額とする。

1. 退任時最終報酬月額
2. 役員在任年数
3. 退任時役位別倍率
　　取締役会長：2倍　　取締役社長：3倍　　専務取締役：2倍
　　常務取締役：1.5倍　　取締役：1倍　　監査役：1.5倍

第5条（在任期間）
　役員在任年数は1年を単位とする。なお、1年未満となる在任期間がある場合には、6か月以上の期間を1年とみなし6か月未満については切り捨てるものとする。

第6条（支給時期）
　役員退職慰労金の支給時期は原則として株主総会の決議または承認後2か月以内とする。

第7条（死亡役員に対する退職金）
1. 死亡した役員に対する死亡退職金は遺族に支給する。
2. 遺族は配偶者を第一順位とし、配偶者のいない場合には子、父母、孫、祖父母、兄弟姉妹の順位とする。なお、該当者が複数いるときは代表者に対して支給するものとする。

第8条（その他）
　この規程に定めのない事項については、取締役会で協議決定する。

第9条（施行日）
　この規程は、平成30年5月1日より施行し、施行後に退職する役員に対して適用する。

第3章 社会保険の諸届

1. 被保険者の資格喪失手続き

> 社長が亡くなった場合、健康保険および厚生年金保険の被保険者資格を喪失することになりますので、必要な手続きをとらなければなりません。

資格喪失届の提出

（協会けんぽに加入の場合）

提出書類	健康保険・厚生年金保険被保険者資格喪失届
提出時期	死亡日から5日以内
提出先	事業所を管轄する年金事務所の事務センター
提出方法	郵送、窓口持参、電子申請
添付するもの	①健康保険証（社長本人分および被扶養者分） ②高齢受給者証、健康保険特定疾病療養受給者証、健康保険限度額適用・標準負担額減額認定証 ②については、交付されている場合のみ 紛失などにより回収ができない場合は、資格喪失届にその理由を付記するか、「健康保険被保険者証回収不能・滅失届」を添付

　上記は、「協会けんぽ」の健康保険に加入していた場合の手続きです。
　「健保組合」の場合はこの手続きとは異なり、健保組合に保険証を添えて健康保険の資格喪失届を、日本年金機構に厚生年金の資格喪失届をそれぞれ提出します。
　書式も、健保組合は独自の書式である場合が多いので、加入している健保組合へご確認ください。

資格喪失届に関する手続きの大幅改定

　平成30年になって社会保険の手続書類が大幅に改定されました。これまでは70歳以上の社長が亡くなったときは、被保険者資格喪失届と70歳以上被用者不該当届を提出する必要があったのですが、改定された被保険者資格喪失届には70歳不該当の欄が追加されましたので、別々に提出する必要がなくなりました。ただし、亡くなったときの年齢が70歳未満の場合、70歳以上75歳未満の場合、75歳以上の場合でそれぞれ記入する欄が異なりますのでご注意ください。

■ 健康保険・厚生年金保険被保険者資格喪失届記載例

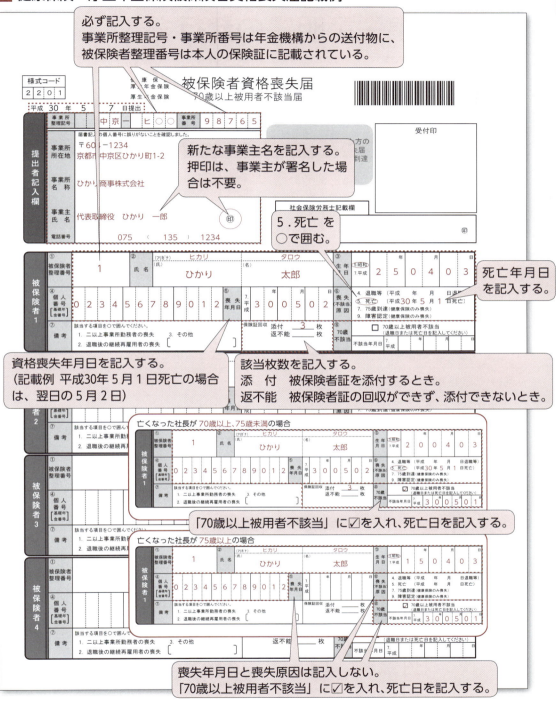

第3章

2. 資格喪失証明書の発行

> 亡くなった社長に扶養されていた家族は、今後加入する健康保険などの手続きが必要ですので、亡くなるまで扶養されていたことを証明する書類を会社が発行する必要があります。

扶養者である社長が亡くなると、その被扶養者であった人（たとえば、奥様）は、今後国民健康保険に加入するか、あるいは他の家族（たとえば、息子さん）の被扶養者になる必要があります。また、社長の配偶者（奥様）が60歳未満の場合は、国民年金の手続きもしなければなりません。

これらの手続きを進めるためには、「資格喪失証明書」が必要になりますので、会社としては被扶養者であった人（たとえば、奥様）に交付することを忘れないようにしましょう。

書類名	「健康保険・厚生年金保険資格喪失証明書」または「脱退証明書」 ＊市区町村によって名称が異なります。 ＊市区町村のホームページから書式を入手できます。
発行・交付時期	速やかに

健保組合の場合は、健保組合が資格喪失証明書を発行する場合があります。

また、日本年金機構に資格喪失等確認通知書の発行を請求することもできます。

なお、健保組合の被保険者の被扶養者になる手続きでは、事業所発行ではなく、保険者発行の資格喪失証明書の提出を求められることもありますので、遺族の依頼に応じて発行・交付をするようにしましょう。

■ 資格喪失証明書記載例

この様式は記入前であればコピーして使用することができます

健康保険
共済組合　**脱退証明書**

健康保険被保険者証	保険者(健康保険の名称)	全国健康保険協会　京都支部		
	保険証記号番号	98765432　1	保険者番号	01260017

被保険者本人(組合員)	住　所	京都市中京区ひかり町1-1		
	氏　名	ひかり　太郎		昭・平 25 年 4 月 3 日生
	資格喪失年月日(退職年月日)	平成 30 年 5 月 2 日(平成 30 年 5 月 1 日)	基礎年金番号	5499-987654

被扶養者	氏　名	生年月日	被保険者との続柄	被扶養者の認定を除外された年月日	備考
配偶者	ひかり　花子	昭・平 26．5．4	妻	平成 30 年 5 月 2 日	
				基礎年金番号	5499-987655
配偶者以外の者	ひかり　望	昭・平 56．6．6	長女	平成 30 年 5 月 2 日	
		昭・平　．　．		平成　年　月　日	
		昭・平　．　．		平成　年　月　日	
		昭・平　．　．		平成　年　月　日	

	被保険者が後期高齢者医療制度に加入したため、被扶養者が脱退する場合は左欄に「○」を記入してください。

（宛先）
京都市　中京　区長

上記のとおり相違ないことを証明します。

　　　　　　　　　　　　　　　　　　　　　　平成 30 年 5 月 7 日

　　　保険者(事業所)

　　　所　在　地　京都市中京区ひかり町1-2
　　　名　　　称　ひかり商事株式会社
　　　代表者氏名　代表取締役　ひかり　一郎　　　　　　　㊞
　　　　　　　　　電話（ 075 ） 135 ― 1234

【記入についてのお願い】
記入される際には、次の点にご注意ください。
1　この証明については、必ず保険者（事業所）で記入し、押印してください。
2　退職の場合、資格喪失年月日は退職日の翌日です。

（書式は、京都市のもの）

この書式は、亡くなった社長がすでに75歳以上である場合は作成する必要はありません。

第3章

3. 適用事業所関係変更届の提出

> 社長が亡くなって事業主に変更があったときは、日本年金機構に「健康保険・厚生年金保険適用事業所関係変更（訂正）届」を提出します。

「健康保険・厚生年金保険適用事業所関係変更（訂正）届」は、事業主の変更や、事業所の関係事項（電話番号、事業主の氏名または住所の変更、昇給月など）に変更があった場合に日本年金機構に提出する書類です。

健康保険・厚生年金保険の適用事業所の社長が亡くなって、社長が交代した場合には、日本年金機構にこの書類を提出する必要があります。

手続方法	「事業所関係変更（訂正）届」を日本年金機構へ提出します（添付書類不要）。
提出時期	事実発生から5日以内、または事実発生後速やかに
提出先	日本年金機構事務センター、または事業所の所在地を管轄する年金事務所
提出方法	郵送、窓口持参、電子申請
注意点	事業主が変更となった場合、以前は「変更前事業主」と「変更後事業主」両名の署名が必要でしたが、平成27年6月より、変更後の事業主が変更前後の事業主の氏名、住所および変更年月日を記入する取扱いに改められています。

COLUMN 社長が他の会社の代表者を兼任していた場合

社長が他にも会社を作って事業を行い、その会社の代表者を兼ねるということは珍しくなく、むしろ一般的でもあります。このような場合、社会保険の被保険者資格やその得喪手続きはどうなるのでしょうか。

まず、一般の労働者は労働時間および労働日数によって被保険者資格の有無を判断しますが、会社の役員は、実質的に経営に参画していない非常勤であったり、報酬が0円である場合を除いて、原則として社会保険に加入する義務があります。したがって、複数の会社で役員を兼ねることになったときは、「二以上事業所勤務届」を提出し、どの事業所を主とするのか選択する必要があります。

もし、このようなケースに該当する社長が亡くなった場合は、それぞれの会社において資格喪失の手続きを行いますが、届出はこの選択した事業所を管轄する年金事務所に対して行うことに注意してください。

■ 健康保険・厚生年金保険適用事業所関係変更（訂正）届記載例

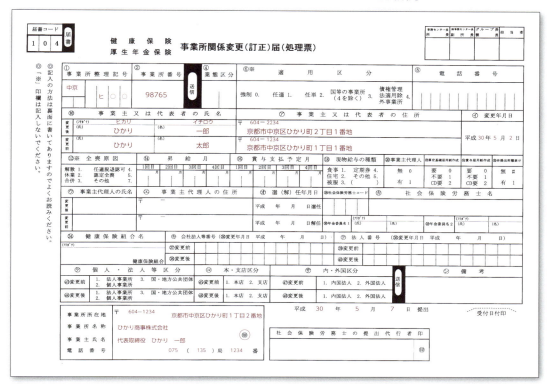

【記入要領】

- ①事業所整理記号
- ②事業所番号
- 変更があった箇所
  ここでは⑩事業主又は代表者の氏名、住所、変更年月日となります。変更前の亡くなった社長の名前、住所と、新しい社長の名前、住所、および変更年月日を記入します。

この手続きは、資格喪失届と同時に行うのがよいでしょう。

なお、労働保険については、事業主が変更になった場合の手続きは不要です。

資格喪失届 P.016

第4章 後継予定者が行う諸手続き

1. 後継者の決定

社長に"もしものこと"があった場合、速やかに後継社長を選任できるかどうかが、その後の事業継続に大きく影響します。その意味で、早い時期から後継社長の人選に着手しておくことが肝要です。

会社は継続企業であることが求められる

　会社は継続企業（ゴーイングコンサーン）であることが前提であり、よほどの事態に遭遇しない限り長年にわたって事業を首尾よく継続していくことが求められます。その意味で、現社長に"もしものこと"があったとしても、その後を継ぐ社長があらかじめ決まっていれば、従業員はもちろんのこと取引先などにも動揺を与えることなく、早急に新体制を構築して次なる展開を図ることができます。

事業承継の実態

　とはいえ、すべての会社がそのような理想的な状況にあるかといえば、実は必ずしもそうではない実態が浮かび上がってきます。
　次ページに示したのは、中小企業白書の2017年版が明らかにしたデータですが、図1からは後継者が決まっている企業は全体の半数にも及ばず、「決まっていない」あるいは「候補はいるが……」という会社が過半数を占めていることがわかります。
　その一方で、民間シンクタンクの調査結果によると現社長の平均年齢は60歳を超えていますから、「60歳の社長に後継者が未定」というケースが少なくないことを物語っているといえます。

後継者の育成には最低5年が必要

　また、後継者の育成に何年かかるかという質問に対して、多くの経営者が5年以上10年未満と答えています（図2）。
　つまり、60歳の社長に後継者が未定であるとすると、この後、後継者が決まるまでに少なくともまだ5年を要するということになります。その間に何事もなければ幸いですが、現社長に"もしものこと"があれば、冒頭で述べた「事業の継続性」は担保できるでしょうか。必ずしも、その保証はないといわざるを得ません。
　その意味でも、後継者の育成とバトン

タッチは急務であると考えるべきです。何事も「備えあれば憂いなし」で、その準備こそが「もしもの時」に備える特効薬といってもよいでしょう。

図1　後継者の選定状況（小規模法人の場合）

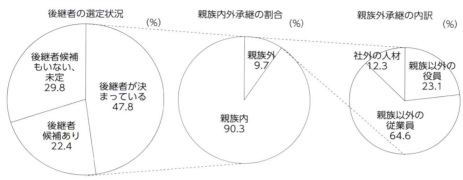

（2017年版「中小企業白書」より）

図2　後継者の育成期間

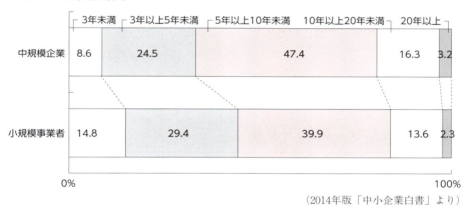

（2014年版「中小企業白書」より）

COLUMN　中小企業の事業承継問題

　中小企業の事業承継問題は喫緊の課題となっています。経済産業省の資料によれば、今後10年間に、平均引退年齢とされる70歳を超える中小企業等（小規模事業者を含みます）の経営者は約245万人に達する一方で、その半数以上が事業承継の準備を終えていないとされています。この現状を放置すると中小企業等の廃業の増加により地域経済に深刻な影響を与えることから、政府は平成30年度の税制改正において、事業承継に関わる税制優遇措置を拡充し、今後10年をかけてこの事業承継問題に取り組むこととしています。

第4章

2. 後継者が不在の場合

社長に"もしものこと"があった場合、速やかに後継社長を選任できればよいのですが、それが首尾よくいかない場合には会社を譲渡することも視野に入れざるを得ません。

親族内承継の難しさ

　従来、家業という言葉があったように、事業は代々受け継がれていくものというのが一般的な理解でした。しかし、職業選択の自由度が増し、また様々な情報が溢れる現代社会においては、家業だから継がなければならないという意識が希薄になってきているのも事実です。

　次ページの図1に示したのは、中小企業白書の2017年版が明らかにしたデータですが、いわゆる親族内承継の割合は決して多くはありません。それに代えて、親族外の承継にシフトしていることがうかがえますが、一口に親族外承継といっても、役員や従業員の中から選定するのか、あるいは外部から招へいするのか、その選択肢はいくつか考えられます。

親族外承継にとってのハードル

　選択肢があるのですから、「後は決断次第」と口でいうのは簡単です。しかし、ことが容易に進まないのは、多くの中小零細企業では借入金などの債務の保証が社長個人に依拠しているケースがほとんどだからです。つまり、親族でない後継候補者にとって債務の保証人になる覚悟があるかどうかは、事業を引き継ぐにあたって、かなり高いハードルになっているのが実情です。

会社を譲渡（売却）する

　そこで、次に会社の譲渡（売却）という選択肢が登場します。親族から後継者が見つからず、親族外にも適任者がいないとなれば、もはや事業の継続に赤信号が灯ったも同然ですが、従業員の雇用や取引先との安定的な関係といった要素を勘案すると、「じゃ、やめた」とは簡単にいえません。

　そこで、次なる選択肢が会社の譲渡（売却）というわけです。世間では、一般に「M&A」といわれていますが、買い手を探して、できるだけ有利な条件で会社を売却するのです。買い手の会社にとっても、新

たな事業展開や現業のシナジー効果を求めて利口な買い物ができるとすれば、双方にとってハッピーな結果が得られるわけですから、これもひとつの事業承継であることは間違いありません。

その意味で、後継者不在の場合の有力な選択肢としてM&Aを検討する余地はおおいにあるといえるでしょう。

図1　親族内承継の割合

（2017年版「中小企業白書」より）

図2　後継者決定状況別にみたM&Aの検討状況

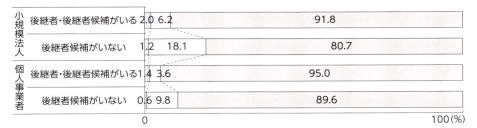

（2017年版「中小企業白書」より）

> **COLUMN　M&Aって、何？**
>
> 　M&A（エム・アンド・エー）という言葉を見聞きする機会が増えていますが、これは英語の「Merger and Acquisition」の略であり、直訳すると「合併と買収」になります。中小企業の事業承継問題を解決する一つの手法として話題になることが多いので、ちょっと知っておきたいキーワードです。

第4章

3. 会社名義の資産や負債などの取扱い

> 会社名義の預貯金や不動産などの資産や借入金などの負債については、社長に"もしものこと"があっても、特に変化はなく従前どおりの扱いとなりますが、必要に応じて代表者の変更手続を求められる場合があります。

　会社名義となっている預貯金・不動産などの資産や借入金などの負債については、社長が亡くなったからといって法人格が消滅するわけではありませんから、基本的には従来どおり会社が継続保有することはいうまでもありません。

　したがって、亡くなった社長の後任社長としても特段の手続きをとる必要はありません。ただし、銀行取引などについては、代表者の変更手続きを求められるものもありますので注意が必要です。

預貯金

　社長に"もしものこと"があった場合、社長個人名義の預貯金については相続預金として凍結されてしまい、相続人全員の署名捺印による解約手続きを済ませないと払い出すことができません。

　一方、法人名義の預貯金については、代表者の死亡によって凍結されることは基本的にはありませんので、口座からの入出金や口座振替はこれまでどおり継続して利用することができます。

　ただし、手形や小切手の当座取引があり、新たに振出しを行う場合は、金融機関から新代表者の名前で取引するよう求められ、決済手続きに支障をきたすケースも考えられます。したがって、法人名義の預貯金については、金融機関において速やかに代表者の変更手続きを進めておくのがよいでしょう。

代表者変更手続き **P.042**

不動産

　法人名義で不動産を所有している場合、登記簿謄本上、所有者の欄には、法人名が記載されるのみで、代表者名の情報はありませんので、亡くなった社長から後任社長にバトンタッチしたことに伴う登記手続きは不要です。

不動産の名義変更手続き **P.048**

026

借入金

　法人名義の借入金についても基本的には前述の不動産と同様ですが、ひとつ留意しておくべきことがあります。それは、亡くなった社長がその借入金の連帯保証人になっていた場合です。社長が交代したことにより連帯保証人の変更手続きも求められますので、あらかじめ、連帯保証人の設定状況について確認しておいた方がよいでしょう。

> 連帯保証債務の取扱い P.050
> 金融機関の変更手続き P.042

■ 不動産登記簿謄本書式例

見本 京都市中京区ひかり町3丁目1番		全部事項証明書		（土地）
表　題　部（土地の表示）	調製	余白	不動産番号	1234567890135
地図番号	余白	筆界特定	余白	
所　　在	京都市中京区ひかり町3丁目		余白	
①地番	②地目	③地　積　㎡		
1番	宅地	200　　00	不詳	

> 所有者の欄に代表者の情報は記載されません。
> ⇒登記変更の手続きは不要

権　利　部（甲　区）（所有権に関する事項）				
順位番号	登記の目的	受付年月日・受付番号	権利者その他の事項	
1	所有権移転	平成2年2月1日 第12345号	原因　平成2年2月1日売買 所有者　京都市中京区ひかり町1丁目2番地 　　　　ひかり商事株式会社 順位1番の登記を移記	

権　利　部（乙　区）（所有権以外の権利に関する事項）				
順位番号	登記の目的	受付年月日・受付番号	権利者その他の事項	
1	根抵当権設定	平成2年2月1日 第12346号	原因　平成2年2月1日設定 極度額　金2億5,000万円 債権の範囲　銀行取引　手形債権　小切手債権 債務者　京都市中京区ひかり町1丁目1番地 　　　　ひかり太郎 根抵当権者　京都市中京区ひかり町5丁目1番地 　　　　株式会社ひかり銀行 　　　　（取扱支店　京都支店） 共同担保　目録（あ）第1234号	

> 代表者が担保設定の債務者となっていれば、情報が記載されます。
> ⇒債務者変更の手続きが必要
> 　登記変更の手続きが必要

共　同　担　保　目　録			
記号及び番号	（あ）第1234号	調製	余白
番号	担保の目的である権利の表示	順位番号	予備
1	京都市中京区ひかり町　1丁目1番の土地	1	余白
1	京都市中京区ひかり町　1丁目1番地　家屋番号　1番の建物	1	余白
1	京都市中京区ひかり町　3丁目1番の土地	1	余白

　これは登記記録に記録されている事項の全部を証明した書面である。
平成30年8月1日
京都地方法務局　　　　　　　　　　登記官　　　　法　務　太　郎
※　下線のあるものは抹消事項であることを示す。
　　　　　　　　　　　　　　　　　整理番号　A12345（1／1）

1/1

第1編

第4章　後継予定者が行う諸手続き

第4章

4. 株式の承継

> 中小企業では社長が発行済株式の全部または大部分を所有していることが多いため、社長に"もしものこと"があった場合、この株式を後継者にスムーズに引き継ぐ必要があります。

後任社長の立場からみた株式

　亡くなった社長からバトンを受け継いだ後任社長にとって、会社の株式をめぐる問題は看過できません。株主総会での議決権(株主の権利)は株式数に応じて付与されているのが原則ですから、会社の舵取りを委ねられた後任社長にとっては、株主が誰であるかについては関心を持たざるを得ないのです。

　特に亡くなった社長が所有していた株式については、相続によって複数の相続人に分散してしまう可能性もあります。仮に、亡くなった社長が会社の株式を全部所有していた場合、遺産分割協議を調えて株式を承継する人を決めてからでないと、株主総会を開催することができませんから、後任社長を決めることもできず、迅速な経営ができなくなるという不都合が生じかねません。

備えあれば憂いなし

　このような事態を避けるためには、現社長が元気なうちに後任社長予定者を決めておき、その予定者に対して、生前贈与や遺言などのスキームを活用して過半数の株式を移転しておきたいところです。さらに2/3以上の株式が移転できれば、会社の重要な意思決定に関しても主導権が握れますので安心です。

相続人の立場からみた株式

　一方、亡くなった社長の相続人にとっては、会社の株式は容易に換金することのできない相続財産であるとともに、亡くなった社長の功績によって当初の出資額を大幅に上回る価値になっている場合が少なくありませんから、その対応に苦慮することにもなります。

　まずは、会社の株価を試算したうえで納税資金とのバランスを図りながら円滑な分割協議を調えることが肝心です。

株式の評価 P.052

028

なお、遺産分割協議が難航する場合には、緊急避難的にとりあえず株式のみの遺産分割協議書を作成して会社の運営に支障が出ないようにすることも可能です。

 遺産分割協議書 *P.138*

■ 議決権(株式)の保有割合と株主の権利など

議決権保有割合	主な株主の権利など
3/4（75%）以上	株主総会の特別な特殊決議を単独で成立可能 例)配当や議決権について株主ごとに異なる取扱いを行う旨を定款に記載
2/3（67%）以上	株主総会の特別決議と特殊決議の一部を単独で成立可能 例)定款変更、事業の全部譲渡など
1/2（50%）超	株主総会の普通決議を単独で成立可能 例)取締役の解任、剰余金の配当など
1/2（50%）以上	株主総会の普通決議を単独で阻止可能
1/4（25%）以上	相互保有株式の議決権停止
1/10（10%）以上	解散請求権
3/100（3％）以上	株主総会招集請求権 役員の解任請求権 業務財産検査役選任請求権 役員などの責任軽減への異議申立権 会計帳簿閲覧請求権
1/100（1％）以上	総会検査役選任請求権
1/100（1％）以上もしくは300個	株主提案権

COLUMN 事業承継税制の拡充

平成30年度の税制改正において、事業承継時の贈与税・相続税の納税を猶予する事業承継税制が大幅に見直され、使い勝手がよくなりました。ただし、10年間限定の特例措置ですので、このタイミングで是非活用されることをお奨めします。

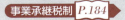 事業承継税制 *P.184*

第4章

5. 株式の承継を円滑に進める特例

> 遺留分に関する民法の特例を利用することにより、後継者に自社株式を集中して承継させることができますが、特例を受けるための要件や申請手続きなどについては、専門家に相談しましょう。

事業承継の阻害要因となる遺留分の制限

後継者である特定の相続人が会社を引き継ぎ、安定した経営を続けていくために、贈与や遺言によって後継者に自社株式を集中しておく必要があります。しかし、たとえ遺言があっても後継者以外の相続人から遺留分の減殺請求をされる可能性があり、結果、自社株式が分散し、後継者は安定した経営ができなくなるおそれがあります。

このように遺留分の減殺請求が円滑な事業承継を妨げることのないよう、中小企業経営承継円滑化法では遺留分に関する民法の特例を設けています。この特例を活用すると、後継者へ贈与された自社株式について、次のいずれかの取扱いができます。

① 遺留分算定基礎財産から除外（除外合意）
② 遺留分算定基礎額財産に算入する価額を合意時の時価に固定（固定合意）

特例利用の要件は下表のとおりです。

会　社	・中小企業者であること（中小企業者の要件は法令を確認のこと） ・合意時点において3年以上継続して事業を行っている非上場企業であること
現経営者	・過去または合意時点において会社の代表者であること
後継者	・合意時点において会社の代表者であること ・現経営者から贈与などにより株式を取得したことにより、会社の議決権の過半数を保有していること ＊推定相続人以外の方も対象になります。

特例利用の手順

現経営者の推定相続人全員および後継者で合意して合意書の作成
↓
経済産業大臣の確認
↓
経済産業大臣の確認後1か月以内に家庭裁判所に申立て（後継者単独で手続き可能）
↓
家庭裁判所の許可
↓
合意の効力発生

【主な作成書類および添付書類】
☐ 確認申請書　　☐ 確認証明申請書
☐ 合意書　　☐ 定款　　☐ 登記事項証明書
☐ 従業員数証明書　　☐ 貸借対照表、損益計算書
☐ 上場会社でない旨の誓約書
☐ 印鑑証明書
☐ 現経営者、推定相続人全員および後継者の戸籍謄本・抄本
☐ 固定合意した場合は税理士などの証明書

■ 特例を利用するための推定相続人全員および後継者の合意書例

合　意　書

　旧代表者甲の遺留分を有する推定相続人である乙、丙及び丁は、中小企業における経営の承継の円滑化に関する法律（以下、単に「法」という）に基づき、以下のとおり合意する。
（目的）
第1条　本件合意は、乙が甲からの贈与により取得した○○株式会社の株式につき遺留分の算定に係る合意等をすることにより、○○株式会社の経営の承継の円滑化を図ることを目的とする。
（確認）
第2条　乙、丙及び丁は、次の各事項を相互に確認する。
　①甲が○○株式会社の代表取締役であったこと。
　②乙、丙及び丁がいずれも甲の推定相続人であり、かつ、これらの者以外に甲の推定相続人が存在しないこと。
　③乙が、現在、○○株式会社の総株主（但し、株主総会において決議をすることができる事項の全部につき議決権を行使することができない株主を除く）の議決権○○個の過半数である○○個を保有していること。
　④乙が、現在、○○株式会社の代表取締役であること。
（除外合意、固定合意）
第3条　乙、丙及び丁は、乙が甲からの○○年○○月○○日付け贈与により取得した○○株式会社の株式○○株について、次のとおり合意する。
　①上記○○株うち□□株について、甲を被相続人とする相続に際し、その価額を遺留分を算定するための財産の価額に算入しない。
　②上記○○株うち△△株について、甲を被相続人とする相続に際し、遺留分を算定するための財産の価額に算入すべき価額を○○円（1株あたり☆☆円。税理士××××が相当な価額として証明をしたもの）とする。
（衡平を図るための措置）
第4条　乙、丙及び丁は、甲の推定相続人間の衡平を図るための措置として、次の贈与の全部について、甲を被相続人とする相続に際し、その価額を遺留分を算定するための財産の価額に算入しないことを合意する。
　①丙が甲から○○年○○月○○日付け贈与により取得した現金○○万円
（経済産業大臣の確認）
第5条　乙は、本件合意の成立後1ヵ月以内に、法7条所定の経済産業大臣の確認の申請をするものとする。
　2　丙及び丁は、前項の確認申請手続に必要な書類の収集、提出等、乙の同確認申請手続に協力するものとする
（家庭裁判所の許可）
第6条　乙は、前条の経済産業大臣の確認を受けたときは、当該確認を受けた日から1ヵ月以内に、第3条及び第4条の合意につき、管轄家庭裁判所に対し、法8条所定の許可審判の申立をするものとする。
　2　丙及び丁は、前項の許可審判申立手続に必要な書類の収集、提出等、乙の同許可審判手続に協力するものとする。

（中小企業庁ホームページより）

第4章

6. 事業用資産の承継

> 中小企業の場合、社長個人の財産と会社の財産の区分が明確でないことが少なくありません。社長に"もしものこと"があっても、会社が事業を継続していくうえで、必要な個人財産についても株式同様に円滑な引継ぎが望まれます。

会社で使用している事業用資産（土地・建物）の名義の確認

会社の本店や支店・営業所など事業で使用している土地や建物が誰の名義になっているか確認しておきましょう。その結果に応じて以下のような対応が必要になります。

① 会社が所有している場合

特に必要な手続きはありません。

② 会社が社長やその親族以外の第三者から借りている場合

会社と貸主との契約ですので、社長の相続とは直接関係がありませんが、代表者変更については貸主に伝えた方がよいでしょう。また、賃貸借契約の保証人が亡くなった社長になっている場合は、その保証人を後任社長に変更する必要があります。

③ 社長個人の名義である場合

会社で使用している土地や建物は、亡くなった社長の相続人によって相続されますから、新しい所有者との間で賃貸借契約を締結するなどの手続きが必要になります。それが首尾よくいかない場合は、退去を求められ土地や建物を明け渡さざるを得ないなどのトラブルに発展する可能性もありますので注意してください。

社長名義の事業用資産（土地・建物）の引継ぎ

亡くなった社長の相続人にとって、会社の株式は換金が容易でない相続財産ですが、土地や建物などの不動産は比較的換金が容易な相続財産といえます。納税資金の捻出などの理由で相続人が売却を検討しているようなことがありますと、会社で継続して賃借することが難しくなる可能性も否めません。そのため、社長が亡くなった後も、会社で継続使用できるよう、株式と同様に社長が元気なうちに後任社長予定者がその事業用資産を引き継ぎ会社で継続して使用できるよう生前に手を打っておくことが望まれます。

後継者へ事業用資産（土地・建物）を承継する手続き

後任社長が亡くなった社長の相続人で、事業用資産を引き継ぐ場合には、次のような手順で承継手続きを行います。

① 土地・建物の相続税評価額を計算する。

> 土地・建物の評価 P.168

② 遺産分割協議を実施する。

③ 遺産分割協議書を作成し、相続人全員で押印する。すべての財産の分割が決まっていない場合、土地・建物のみの遺産分割協議書を作成することも可能です。

> 遺産分割協議書 P.138

④ 土地・建物の所有権移転登記をする（社長→後継者への名義変更）

土地・建物は、遺産分割協議で承継する相続人を決めるだけでなく、その結果を登記することによって手続きが完了します。

> 不動産所有権移転登記 P.164

■ 所有権移転登記後の謄本書式例

見本 京都市中京区ひかり町1丁目2番		全部事項証明書		（土地）
表 題 部（土地の表示）	調製	余白	不動産番号	1234567890123
地図番号	余白	筆界特定	余白	
所　在	京都市中京区ひかり町1丁目		余白	
①地番	②地目	③地　積　㎡	原因及びその日付（登記の日付）	
2番	宅地	123　　45	不詳	
余白	余白	余白	昭和63年法務省令第37号附則第2条第2項の規定により移記　平成10年11月25日	

権 利 部（甲 区）（所 有 権 に 関 す る 事 項）			
順位番号	登記の目的	受付年月日・受付番号	権利者その他の事項
1	所有権移転	昭和55年4月3日 第12345号	原因　昭和55年4月3日売買 所有者　京都市中京区ひかり町1丁目1番地 　　ひ か り 太 郎 順位1番の登記を移記
	余白	余白	昭和63年法務省令第37号附則第2条第2項の規定により移記 平成10年11月25日
2	所有権移転	平成30年7月1日 第98765号	原因　平成30年5月1日相続 所有者　京都市中京区ひかり町2丁目1番地 　　ひ か り 一 郎

これは登記記録に記録されている事項の全部を証明した書面である。
平成30年8月1日
京都地方法務局　　　　　　　登記官　　　法　務　太　郎

※ 下線のあるものは抹消事項であることを示す。

整理番号　A12345（1／1）

1／1

第5章 名義変更手続きあれこれ

1. 株主名簿の書換え

> 社長に"もしものこと"があって、その後の株主に異動が生じた場合は、速やかに株主名簿を書き換える必要があります。

　株主名簿とは、権利を行使できる株主を明確にするために会社が作成する株主の管理簿です。

　会社と株主の間の法律関係は、すべて株主名簿に記載されている事実によって処理されますので、株主の異動があった場合には、株主の請求により、その都度、書換えが必要となります。

　また、株式会社において、株主総会の決議が必要な事項についての登記申請をする際には、株主全員の氏名または名称、住所、所有株式数、議決権の数などを記載した書面を添付する必要がありますが、その原簿となるのが株主名簿です。

名義書換えの方法

　株券発行会社の場合、その株券を所有保持している人が適法な株主と推定されるため、その株券所有者から株券を提示して名義書換えを請求されると、会社にとって好ましくない人であっても、会社は書換えに応じなければなりません。これに対して、株券不発行会社の場合は新たに株式を取得した者は、所定の記載事項を株主名簿に記載するよう会社に請求できます。この請求は、原則として取得した株式の株主として株主名簿に記載されている者と共同でしなければならないことになっています。

相続の場合の名義書換え

　社長に"もしものこと"があった場合、社長が所有していた会社の株式は相続人に引き継がれます。この場合、会社が株式の譲渡制限会社であっても、その承認を得ることなく株主名簿の名義書換えを請求することができます。ただし、その場合には、相続を証する書類として遺産分割協議書などを提出することが必要となります。

株主名簿に記載されている情報は正しいか

　社歴の長い株券不発行会社では株主の異動に係る適時適切な書換えができていないことから、正確な株主情報が把握できていないケースも見受けられます。そうした轍

を踏まないように株主異動の都度、もれなく株主名簿の書換えをするようにしましょう。また、早い時点で株主名簿の点検をしておくこともおすすめします。

なお、株主名簿に記載されている情報が正しいかどうかを調べるには、次の表に示すような方法があります。

■ 株主名簿の記載内容検証方法

①設立時の定款の確認	まずは設立時の定款に記載されている発起人が設立時の株主であるため、当初の株主は、これで確認することができます。
②法人税確定申告書別表2「同族会社等の判定に関する明細書」からたどる	申告書別表2には期末時点での株主の情報を記載することとなっているため、過年度の税務申告書を調査することにより、その時々の株主がわかります。ただし、必ずしも正確な情報が記載されているとは限らないため、あくまでも参考情報としての利用にとどまることが想定されます。
③過去の財務情報や株主総会議事録からの調査	会社が新株発行や自己株式の買取りなどを行った場合には、株主総会議事録や取締役会議事録にその内容が記載されている可能性が高いため、財務情報なども含めて遡って調査する方法が考えられます。
④当初株主や主要役員からの聞取り調査	やはり最終的には、設立当初の株主やその後の株主異動後の株主などの過去の変遷や経緯を知る人物から聞取りにより調査することになります。

■ 株主名簿の一例

ひかり商事株式会社　株主名簿

平成30年5月1日現在

氏名・名称	住　所	株式数	株式の種類	株式取得日	株券番号
		株			
		株			
		株			
		株			
		株			
	合　計	株			

株主の権利の行使に関する書類などを送達することのできる住所を詳細に記載しておくことが望まれます。

どの時点の株主名簿であるかを明確にしておきます。

個人の場合には氏名、法人の場合には法人の名称を記載します。

種類株式を発行している場合には、種類株式ごとに区分して記載します。

株券不発行会社の場合には「株券番号」の欄に「株券不発行」と記載します。

第5章

2. 相続人などに対する株式売渡請求

> 亡くなった社長が経営していた会社が譲渡制限株式を発行している場合、定款に「相続人などに対する株式売渡請求」の定めがあるかどうかを確認しておく必要があります。

相続人などに対する株式売渡請求とは

会社は、相続人に対して相続した株式（譲渡制限株式）について売渡しを請求し強制的に取得することができる旨を定款で定めることができます。

そこで、会社の定款に相続人に対する株式売渡請求の定めがあるかどうかを確認してください。

■ 定款記載例

（相続人などに対する株式売渡請求）
第○条　当会社は、相続その他の一般承継により当会社の株式を取得した者に対し、当該株式を当会社に売り渡すことを請求することができる。

会社の閉鎖性の維持

そもそも、相続人などに対する株式売渡請求の制度は、会社にとって好ましくない株主（相続人）を排除し、会社経営を安定（会社の閉鎖性を維持）させるために利用されています。

たとえば、社長Aが80％、友人B（非支配株主）が20％の株式を保有している会社において、非支配株主である友人Bが死亡し、友人Bの息子Zに株式（譲渡制限株式）が相続されたとします。息子Zが会社にとって好ましくないと判断されれば、会社は相続された株式の売渡しを請求し、強制的に株式を買い取ることができます。

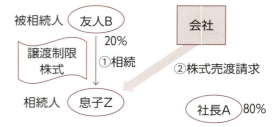

手続き上の制約

相続人などに対する株式売渡請求は、譲渡制限株式について定款の定めが必要なほか、株主総会の特別決議を経なければなりません。

株主総会の特別決議では、「売渡請求する株式の数」と、「売渡請求の相手方」を決定します。なお、売渡請求の相手方である株主は、議決権がなく、定足数にも含まれません。また、売渡請求できる期間、および相続人との協議により売買価格が決定しない場合の裁判所への申立期間について、時間的な制約があります。

加えて、株式は分配可能額の範囲内でしか買い取ることができません。

■ 相続人などに対する株式売渡請求

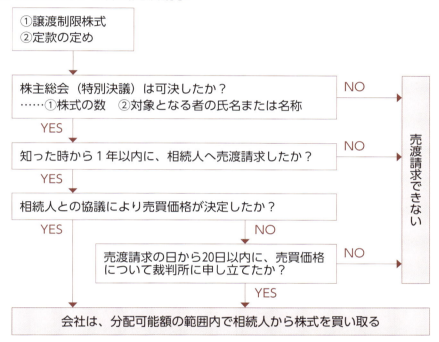

オーナー社長が亡くなった場合

相続人などに対する株式売渡請求は、オーナー社長が亡くなった場合、円滑な事業承継を拒むリスクを含んでいます。たとえば、前ページと同様のケースで、社長Aが死亡し、社長Aの息子Xに株式（譲渡制限株式）が相続された場合、息子Xに相続された株式について売渡しを請求されるリスクが考えられます。

このようなリスクがある場合には、あらかじめ相続人などに対する株式売渡請求に関する定款規定を設けず、前ページのような非支配株主に相続が発生して閉鎖性の維持が必要な場合に、定款変更によって株式の売渡請求を可能にする一方、無事買取りが完了した後、再び定款を元に戻すなどの措置を講ずることが必要になります。

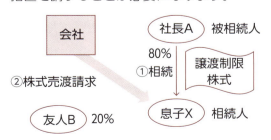

第5章

3. 役員変更による新体制への移行

> 亡くなった社長の地位の承継にあたっては、相続手続きとは別に、株主総会や取締役会において適法に選任される必要があります。

相続とは、個人の財産などの権利義務を相続人が承継することをいいます。会社の株式（株主としての地位）は相続財産に含まれますので、この地位をもとにして、株主総会において議決権を行使することになります。

一方で、亡くなった社長の地位は、自動的に承継されるわけではないため、改めて会社の株主総会や取締役会において、適法に後任の社長が選任される必要があります。

取締役会設置会社の場合

取締役会設置会社の場合、後継者はまず株主総会で取締役に選任されたうえで、取締役の互選により代表取締役に選任されます。

そのため、後継者が取締役に就任していない場合には、臨時株主総会を開いたうえで、まず取締役に選任される必要があります。

また、後継者が取締役に就任している場合でも、前社長の逝去により取締役の定足数を満たしていない場合には、取締役の補充が必要になります。

その後、臨時取締役会において後継者を代表取締役に選任してください。

取締役会非設置会社の場合

取締役会非設置会社の場合、代表取締役（および取締役）は株主総会にて選任されます。

前記同様、後継者が取締役に就任していない場合には、臨時株主総会を開いて、まずは取締役に選任したうえで、その後代表取締役に就任することになります。

役員変更の登記について

代表取締役および取締役の氏名は登記事項ですので、臨時株主総会・臨時取締役会が終了した後、速やかに登記が必要になります。

■ 臨時株主総会議事録例（取締役会非設置・後継者が取締役に就任していない場合）

臨時株主総会議事録

　平成30年5月16日午前9時30分から、当会社の本店において臨時株主総会を開催した。
　　　　株主の総数　　　　　　　　　　　　　　　　　　　5名
　　　　発行済株式の総数　　　　　　　　　　　　　　2,000株
　　　　議決権を行使することができる株主の数　　　　　　5名
　　　　議決権を行使することができる株主の議決権の数　2,000個
　　　　出席株主数（委任状による者を含む。）　　　　　　5名
　　　　出席株主の議決権の数　　　　　　　　　　　　2,000個
　　　　出席取締役　こだま二郎（議長兼議事録作成者）

　以上のとおり株主の出席があったので、互選により**取締役こだま二郎**は議長席につき、本臨時総会は適法に成立したので、開会する旨を宣し、直ちに議事に入った。

　第1号議案　取締役の死亡に伴う改選に関する件
　議長は、**取締役ひかり太郎（故人）**が平成30年5月1日に死亡したため、後任者の選任の必要がある旨を述べ、その選任方法を諮ったところ、出席株主中から議長の指名に一任したいとの発言があり、一同これを承認した。

　議長は、下記の者を後任者に指名し、この者につきその可否を諮ったところ、満場異議なくこれに賛成したので、下記のとおり就任することに可決確定した。
　取締役　ひかり一郎　（後継者）
　なお、被選任者は、その就任を承諾した。

　第2号議案　代表取締役の選任に関する件
　議長は、**代表取締役ひかり太郎（故人）**が平成30年5月1日に死亡したため、後任者の選任の必要がある旨を述べ、その選任方法を諮ったところ、出席株主中から議長の指名に一任したいとの発言があり、一同これを承認した。

　議長は、下記の者を後任者に指名し、この者につきその可否を諮ったところ、満場異議なくこれに賛成したので、下記のとおり就任することに可決確定した。
　代表取締役　京都市中京区ひかり町2丁目1番地　ひかり一郎（後継者）
　なお、被選任者は、その就任を承諾した。

　議長は、以上をもって本日の議事を終了した旨を述べ、午前10時30分閉会した。
　以上の決議を明確にするため、この議事録を作り、議長および出席役員がこれに記名押印する。

　平成30年5月16日
　　　　　　　　　　　　　　　　ひかり商事株式会社　臨時株主総会
　　　　　　　　　　　　　　　　　代表取締役　ひかり一郎　㊞　（後継者）
　　　　　　　　　　　　　　　　　取締役　こだま二郎　㊞

第5章

4. 社長と会社との債権債務の清算

> 社長が亡くなった際、社長個人と会社との間に金銭の貸借関係があった場合は、相続人と話合いのうえで清算するのか、そのまま継続するのかを検討します。

　会社と社長との間の金銭の貸借関係が清算されていない状態で社長が亡くなった場合、会社に対する貸付金は相続財産となり、他方で会社からの借入金は相続債務となります。したがって、亡くなった社長と会社との債権債務関係については会社と相続人の間で協議をして、清算するか継続するのかについて結論を出す必要があります。

亡くなった社長に対する貸付金が残っていた場合

　会社に対する相続債務は、相続開始と同時に相続人全員が相続分に応じて負担することになります。まず、相続人全員に、亡くなった社長との間の借用書などの契約書を示し死亡時点での残額を知らせます。遺族へ死亡退職金や弔慰金を支給する場合は、それらを原資として返済を促し、極力相続に反映されないよう清算もしくは解消に努めるのがよいでしょう。全額の返済ができない場合は、相続人と協議のうえ、遺産分割協議において、債権者である会社側から返済能力の見込める相続人を決めてもらい、今後の返済条件などを話し合い、新たに金銭消費貸借契約書や債務承認弁済契約書を取り交わします。

亡くなった社長からの借入金が残っていた場合

　会社に対する金銭債権は分割可能な債権ですので、相続開始と同時に相続分に応じて各相続人が相続しますが、遺産分割協議により相続人を決めた場合は、会社に対する貸付金を引き継いだ相続人と今後の返済条件などを話し合い、合意できれば新たに金銭消費貸借契約書や債務承認弁済契約書を取り交わします。会社とは関わりのない相続人が相続した場合は、相続人から一括弁済を求められることも予想されます。その場合に、自己資金での返済が困難なときは、銀行借入れなどで対応することを検討します。

■ 債務承認弁済契約書書式例

債務承認弁済契約書

貸主ひかり一郎を甲、借主ひかり商事株式会社を乙として、甲乙は、次のとおり債務承認弁済契約を締結した。

第1条　平成28年4月1日締結の金銭消費貸借契約に基づき、乙は甲に対し平成30年5月1日現在において金10,000,000円の支払うべき残金があることを確認する。

第2条　乙は、甲に対し、前条の債務の弁済として、平成30年6月から平成31年3月まで毎月末日限り、金10,000,000円を10回の分割で、甲の指定する銀行口座（ひかり銀行京都支店普通預金口座987654　名義人ひかり一郎）に送金して支払う。

第3条　本件貸付金の利息は、前月支払い後の残金に対する年1.0％の割合とし、乙は、毎月末日限り当月分を甲に送金して支払う。

第4条　乙が第2条の分割金および第3条の利息の支払いを2回以上怠った場合には、当然に期限の利益を喪失する。

第5条　前条により、乙が期限の利益を喪失した場合、乙は甲に対して、第1条の金員から支払い済の金員を控除した残額に、期限の利益喪失の翌日から支払い済まで年7.0％の割合による遅延損害金を付して支払う。

以上のとおり、合意が成立したので本契約書を2通作成し、各自押印のうえ、各自1通を保有する。

平成30年5月16日

　　　　　　　　　　　　　　　　　　　　甲　ひかり一郎　　　　　　㊞

　　　　　　　　　　　　　　　　　　　　乙　ひかり商事株式会社　　㊞
　　　　　　　　　　　　　　　　　　　　　　代表取締役　ひかり一郎

COLUMN　相続債務が相続財産を上回る場合

亡くなった社長の個人の借金が多く、相続債務が相続財産を上回る場合は、相続人全員が相続放棄をする場合があります。その場合は、相続人がいなくなりますから、相続人からの貸付金の回収が困難となります。担保がなく連帯保証人もいない場合は、残っている貸付金を貸倒処理することになります。

5. 金融機関取引上の代表者変更手続き

> 社長が亡くなった後に行う金融機関の代表者変更手続きは、取引の態様や取引金融機関によって要求される書類が異なる場合がありますので、よく確認をしたうえで滞りなく行うようにしてください。

社長が亡くなった後、金融機関の法人名義預金や借入金などの代表者変更手続きを行うにあたっては、代表者交代の確認資料として履歴事項全部証明書や印鑑証明書などの公的書類の提出を求められるため、社長交代の登記が完了してから行うことになります。

預金口座の代表者変更手続きの方法については、銀行のWebサイトなどで確認できますが、銀行からの借入れなど融資取引がある場合は、銀行の担当者に問い合わせて確認しておくのがよいでしょう。

預金以外の取引がない場合

銀行からの借入金などがない場合は、取引銀行所定の代表者変更届に必要事項を記入し、必要な書類とともに窓口に提出することで法人名義口座の代表者変更手続きは完了します。

預金以外に融資取引がある場合

金融機関と融資取引がある場合は、融資先の代表者の変更は金融機関にとっては債権保全の観点から重要な変更事項になりますので、融資担当部署が代表者変更の窓口になります。借入金の代表者変更に伴う書類の提出に加えて、信用判断に必要な書類を求められる場合があります。代表者変更に伴い会社の運営や業績に不安が生じ、信用力の低下が懸念されると金融機関が判断する場合は、担保や保証人の追加を求められる場合もあります。

借入金の連帯保証人の変更

亡くなった社長が金融機関からの借入金に対して連帯保証をしていた場合、金融機関は前社長の連帯保証を解除し、新社長に対して連帯保証を求めることになりますので、連帯保証人変更の手続きが必要となります。社長の連帯保証が融資条件になって

いる場合は、連帯保証を断ると借入金の返済を求められることもあります。金融機関から新たに保証人となる新社長の信用判断のための資料を求められた場合はそれを提出する必要があります。

■ 金融機関の代表者変更手続きの手順

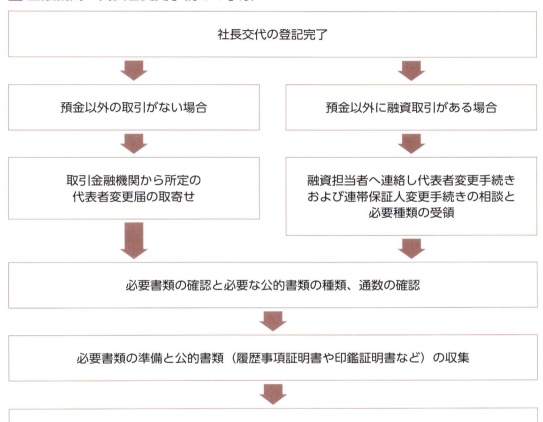

【預金以外の取引がない場合の代表者変更手続きにおいて窓口に持参するもの】
（金融機関によって異なります）

- □ 口座の通帳（証書）
- □ 口座の取引印（当座預金がある場合は法人の実印も必要）
- □ 法人の印鑑証明書
- □ 法人の履歴事項証明書（発行日から6か月以内の原本）
- □ 社判
- □ 代表者以外が窓口で手続きする場合は、社員証や名刺などの確認書類
- ■ 代表者変更届（窓口で記入押印）
- ■ 印鑑票（窓口で記入押印）

第5章

6.許認可の継続

> 許認可が必要な事業を行っている場合、社長が亡くなったことによって、その許認可内容を継続するための手続きが必要となる場合がありますので注意してください。

法人が許認可を受けている場合

　法人として許認可を取得している場合、その取得している許認可の要件を満たす人員の再配置などが必要となる場合があります。

　たとえば、建設業許可を取得して事業を行っている場合に、社長が亡くなったことで許可の要件を満たさなくなるようであれば、新たに要件を満たす人員を配置するなどの対応が必要になります。

　社長に"もしものこと"があった場合に備えて、事前に人員要件を満たす資格者などの確保を行っておくことをおすすめします。

個人が許認可を受けている場合

　一方、個人で許認可を受けている場合には、相続人の地位の承継が可能な業種や、許認可を新たに再取得する必要がある業種など、業種によって必要な手続きが異なりますので注意が必要です。

　現在、取得されている許認可について、"もしものとき"にはどのような手続きが必要かを事前に確認しておきましょう。

地位の承継が可能な業種	飲食業許可・酒類販売業許可・旅館業許可・風俗営業許可（パチンコ店、スナック）など
新規の取得が必要な業種	建設業許可・古物商許可・宅地建物取引業許可など

　たとえば、風俗営業許可を取得して事業を行う社長が亡くなった場合、その相続人が事業を承継したい場合には、60日以内に管轄の都道府県公安委員会に、添付書類を添えて「相続承認申請書」を提出することで、新たに風俗営業許可の取得を申請する必要がなくなります。

　都道府県公安委員会ごとに若干の様式の差異がありますが、次ページに「相続承認申請書」の様式の記載例を掲示しておきますので、参考にしてください。

■ 相続承認申請書記載例

別記様式第6号（第13条、第84条関係）

受　理 ※ 年月日		受　理 ※ 番　号		相続承認 ※ 年　月　日	

相　続　承　認　申　請　書

　風俗営業等の規制及び業務の適正化等に関する法律第7条第1項（同法第31条の23において準用する場合を含む。）の規定により相続の承認を申請します。

平成30年5月16日

京都府公安委員会殿

申請者の氏名及び住所
京都市中京区ひかり町2丁目1番地　ひかり一郎　㊞

（ふりがな） 氏名又は名称	ひかり　いちろう ひかり　一　郎		
住　　　所	〒（ 604 - 2234 ） 京都市中京区ひかり町2丁目1番地 （ 075 ）　123　局　5678　番		
（ふりがな） 営業所の名称	すなっくひかり スナックひかり		
営業所の所在地	〒（ 605 - 5678 ） 京都市東山区のぞみ町22番地　ひかりビル1階 （ 075 ）　987　局　6543　番		
風俗営業の種別	法第2条第1項第1号の営業		
許可年月日	昭和63年1月5日	許可番号	123
（ふりがな） 被相続人の氏名	ひかり　たろう ひかり　太　郎		
相続人の住所	京都市中京区ひかり町2丁目1番地		
被相続人との続柄	長男	被相続人の死亡年月日	平成30年5月1日
他の相続人の有無	㊲　　　　　　　無		
現に風俗営業許可等又は 特定遊興飲食店営業許可 等を受けて営む営業	許可年月日　　　年　月　日　　許可番号 営業所の名称 及び所在地		
※風俗営業の種類			
※同時申請の有無	①有　　②無	※受理警察署長	

備考
1 ※印欄には、記載しないこと。
2 申請者は、氏名を記載し及び押印することに代えて、署名することができる。
3 「風俗営業の種別」欄には、風俗営業に係る相続の承認を申請する場合のみ記載すること。
4 「他の相続人の有無」欄は、該当する文字を○で囲むこと。
5 「現に風俗営業許可等又は特定遊興飲食店営業許可等を受けて営む営業」欄は、申請に係る営業所以外の営業所において当該申請に係る公安委員会から現に風俗営業許可等又は特定遊興飲食店営業許可等を受けて営んでいる営業で、当該申請の日の直近の日に許可を受けたものについて記載すること。
6 用紙の大きさは、日本工業規格A4とすること。

（書式は京都府公安委員会のもの）

第5章
7. 不動産の賃貸借契約の継続

> 不動産の賃貸借契約においては、亡くなった社長自身が賃貸人である場合と、賃借人である場合の2通りがあります。これらの場合、それぞれの立場から賃貸借契約を変更しなければなりませんので注意してください。

社長が賃貸人であった場合

【相続人が1人の場合】

相続は、包括承継といって従前の権利関係がそのまま承継されることとなりますので、所有者が亡くなったとしても、賃貸借契約がなくなるわけではありません。当然に相続人が貸主としての地位を承継することになり、その際には借主の承諾は特に必要ありません。

また、従前の賃貸借契約書は新たに再契約をしなくても法律的には有効なものとなりますが、契約当事者の実情が異なることとなりますので、現在の契約当事者間で賃貸借契約書を作成し直した方が安心です。

【相続人が複数の場合】

相続人が複数いたとしても、遺産分割協議が行われ、相続人の1人が単独で不動産を相続した場合には、原則として貸主としての地位もその相続人が引き継ぐことになり、法律関係は比較的単純なものとなります。

一方で、遺産分割協議の結果、複数の相続人が共同で相続した場合には、貸主としての義務を不可分に負う必要があり（分割、分担できない）、賃料債権を持分割合に応じて持っている状態であるなど、複雑な法律関係となることが多いため、注意が必要です。

社長が賃借人であった場合

【賃借権】

賃借権（建物の賃借権と土地の借地権）とは、賃料を支払うことで、契約期間の間、不動産を借りることができる権利です。

賃借権は、法律的にも当然に相続の対象となる財産とされています。

【単独相続と共同相続】

賃借人の地位についても、相続人が単独で相続する場合と、共同で相続する場合があります。

単独相続の場合は、賃貸人の場合と同様、法律関係は比較的単純なものとなりますが、共同で相続した場合には、賃料を支払う義務を不可分に負うこととなります。

賃料の支払義務を不可分に負うことになると、たとえば、相続人の1人が相続する

賃借権の持分が半分であったとしても、所有者から賃料を請求された場合、半分ではなく共同で相続した相続人一人ひとりが賃料の総額を連帯して支払う義務が生じることになりますので注意が必要です。

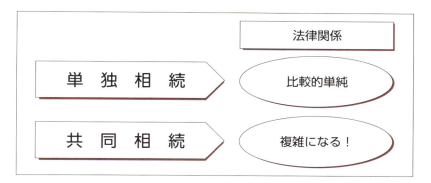

> **COLUMN 一身専属性のある権利義務**
>
> 　民法896条において、相続人は相続開始の時から、被相続人の財産に属した一切の権利義務を承継することが規定されていますが、例外として、一身専属性のある権利義務（債権・債務）については、相続されません。
> 　一身専属性のある権利義務とは、簡単にいえば、被相続人その人でなければ行使できない権利や義務のことをいいます。
> 　民法上、当事者の死亡により相続されない（契約が終了する）旨の規定がある一身専属権利義務としては、以下のものがあります。
> - 使用貸借契約における借主の地位
> - 代理における本人・代理人の地位
> - 委任契約における委任者・受任者の地位
> - 組合契約における組合員の地位
>
> 　また、明文規定はありませんが、以下のようなものも一身専属権利義務と考えられており、相続されることはありません。
> - 代替性のない債務（有名画家が絵を描く債務など）
> - 雇用契約における被用者の地位
> - 生活保護の受給権者の地位
> - 扶養請求権者の地位
> - 親権者の地位
> - 身元保証
> - 公営住宅の使用権
> - 医師、弁護士、税理士など個人の国家資格

第5章
8. 個人名義担保提供不動産の名義変更

> 社長に"もしものこと"があった場合、会社の債務のために担保提供している社長個人名義の不動産についても社長の相続人が相続することになります。

会社のために担保提供している不動産であってもその登記名義が社長個人名義となっていれば、会社のものになるわけではなく、社長の相続人が相続により取得することになります。遺言書があれば、それに従うことになりますが、遺言書が作成されていない場合は、相続人全員で遺産分割協議をして誰が相続するかを決めることになります。

もっとも、この場合であっても相続するのはあくまで担保提供不動産であって、当該不動産が担保する債務を相続するわけではないことをご理解ください。

担保提供している不動産の名義変更の注意点

相続が発生したとしても、担保提供不動産の担保価値について変化があるわけではありませんが、相続登記が終わっていない状態では、追加の融資のための担保権の変更などをしたくてもできない状況になってしまうおそれがあります。したがって、相続登記は速やかに行うことをおすすめします。

逆に遺産分割協議が調わず、相続登記ができないような場合、担保の変更ができない状況になってしまうので、遺産分割協議による相続ではなく、生前から遺言書を作成しておき、遺言書によって相続人を決めておく方が間違いがなくて安心でしょう。

相続登記は速やかに！

担保提供不動産の名義変更に関する問題点

前述のとおり、会社の債務を担保している個人名義の不動産について相続登記が終わっていない場合には、次のような問題が発生するおそれがあります。

	内容	理由
①	債務を完済したのに、担保抹消ができない	債務を完済して担保を抹消できるようになったとしても、相続登記が未了の場合、登記手続上、担保抹消登記ができないことがあります。 まずは、相続登記をする必要があります。
②	新たな融資を受けることができない	新たに担保を設定する場合や、担保を変更する場合、不動産の所有者が申請人となる必要がありますが、相続登記が未了の場合、被相続人名義のままで相続人が不動産の登記申請を行うことはできません。また、新たな融資を受けるための（根）抵当権設定登記や根抵当権の極度額増額登記もできません。 まずは、相続登記をする必要があります。
③	売却することができない	たとえば、社長個人の自宅を担保提供している場合、相続人が当該不動産の売却を考えていたとしても、相続登記が未了のままでは、売却することはできません。また、相続登記をしたとしても、担保を抹消しない限り売却することはできません。この場合には、金融機関と相談し、担保をはずしてもらうことによってようやく売却することができるようになります。
④	2次相続が発生した場合、手続が面倒になる	遺言や遺産分割協議などで相続人が決まっていても相続登記が未了のままですと、その相続人に再び相続が発生した場合、改めて新たな相続人の承諾を得なければ登記ができませんから、その手続はとても面倒で煩雑になります。

COLUMN 相続登記未了土地の実態

　所有者が死亡した後も長期間にわたって相続による所有権の移転登記（相続登記）がなされずに放置されている土地の存在が問題になっています。所有者の所在が把握できないことから、公共事業に伴う用地取得等に支障を来すなどのいわゆる所有者不明土地問題として社会的な関心を集めています。

　法務省では、この問題に対応するため、全国10地区（調査対象数約10万筆）で相続登記が未了となっているおそれのある土地の調査を実施しました。

　その結果、最後に所有権の登記がされてから50年以上経過しているものが大都市地域において6.6％、中小都市・中山間地域において26.6％にものぼることが明らかになったとのことです。

第5章

9. 連帯保証人の地位の承継

社長個人が会社の債務について連帯保証人になっていると、社長に"もしものこと"があった場合、社長の相続人は連帯保証人の地位も相続することになります。

社長個人が会社の債務について連帯保証人となっていることはよくある話ですが、社長が亡くなった場合には、この連帯保証人としての地位も相続の対象となります。

相続人が複数いる場合には、法定相続分に従って保証債務を相続することになります。

■ 被相続人に1,000万円の連帯保証債務があった場合（相続人は配偶者と子2人）

法定相続分に従い、配偶者が1／2承継する
残りの1／2を子が平等に相続するため1／4ずつ承継する

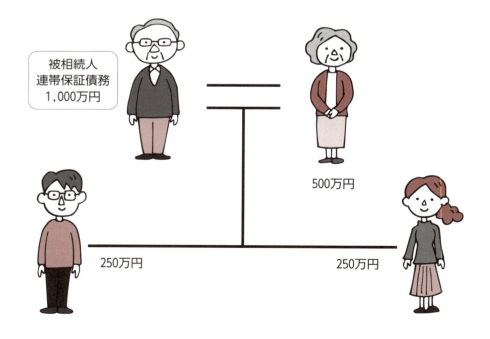

遺産分割協議による連帯保証人の地位承継

連帯保証人の地位は、当然に相続されるものですが、相続人全員による遺産分割協議によって、相続人のうち特定の相続人に引き継がせることができます。ただし、遺産分割協議はあくまで相続人の中だけでの決めごとですので、債権者の同意や承諾が必要となります。

また、保証債務については、次のように相続の対象になるものとならないものがあります。

【相続の対象になるもの】

・金融機関からの借入れについて連帯保証人となっていた場合
　社長が会社の債務について、個人で連帯保証人になっていたような場合は、その連帯保証人の地位は相続されます。

・不動産の賃貸借契約時の連帯保証人になっていた場合
　不動産を賃貸で借りる際に、連帯保証人を要求される場合がありますが、被相続人が賃貸借契約における連帯保証人であった場合も、連帯保証人としての地位は相続されます。また、判例によれば更新時に連帯保証人が署名押印していなくても、連帯保証債務を負うことになります。

・根保証の場合
　根保証とは、根抵当権のように一定の継続的取引関係から生じる債務を将来にわたって保証するもので、たとえば銀行の当座貸越契約が典型例です。
　根保証については判例において、その限度額（極度額）や期間に定めがない場合は、保証人の負担が過度に大きくなることから、特段の事情のない限り相続人には承継されないとされています。反対に、限度額や期間に定めのある根保証契約の場合は、相続人の責任の範囲が予測しやすいため、相続の対象とされます。

【相続の対象とならないもの】

・身元保証の場合
　身元保証とは、たとえば学生が会社に入社する際などに求められるもので、従業員が会社に損害を与えた場合に身元保証人がその損害を賠償するというものです。身元保証は保証される者と保証する者との間の信頼関係に基づいてなされるものですから、信頼関係のない相続人には身元保証人としての地位は相続されません。

相続放棄による連帯保証人の地位の承継回避

相続人は被相続人の死亡後3か月以内に相続放棄をすれば、連帯保証人としての地位の承継を回避することができます。ただし、相続放棄をすればその他一切の財産も相続することができなくなるため、連帯保証債務の調査をして相続放棄をするかしないかを慎重に判断する必要があります。

相続放棄 P.148

第6章 遺族の相続税に関するサポート

1. 取引相場のない株式の評価方法

> 取引相場のない株式とは、一般的な市場価格のある上場株式および気配相場のある株式以外の株式をいいます。なお、これは、流通性のほとんどない株式をいい、日本の大部分の会社、いわゆる中小企業の株式がこれに該当します。

株主の立場や会社規模で異なる評価方法

　取引相場のない株式の発行会社の規模は、上場会社に近いような大規模な会社から、個人商店と変わらない小規模な会社まで様々であり、また、会社の経営支配の程度にも差があります。このような状況から画一的な方法によって評価することは適当ではないので、その評価にあたっては、その実態を反映するよう株主の会社支配の程度および会社規模に基づいて、それぞれに適した評価方法により評価することなります。なお、評価にあたっては、税務署所定の取引相場の株式の評価明細書を使用します。

　評価は下記の手順 STEP 1 ⇒ STEP 2 で行います。

■ STEP 1　支配力の強い株主であるか否かの判定

・支配力の強い株主⇒原則的評価方式によって評価（STEP 2 へ）
・支配力の弱い少数株主⇒特例的評価方式である配当還元価額によって評価

■ STEP 2　会社の規模の判定および評価方法

　その会社の規模が大会社か、中会社か、小会社かの区分に応じ、それぞれ次のとおり原則的評価方式の類似業種比準方式や純資産価額方式により、その株式の評価額を求めることになります。

・大会社……類似業種比準方式（純資産価額方式も可）
・中会社……類似業種比準方式と純資産価額方式の併用（純資産価額方式も可）
・小会社……純資産価額方式（類似業種比準方式との併用も可）

■取引相場のない株式の評価明細書記載例

第1編 第6章 遺族の相続税に関するサポート

株主の判定・会社規模の判定

第４表　類似業種比準価額等の計算明細書　　会社名　ひかり商事　株式会社

（取引相場のない株式（出資）の評価明細書）

1．1株当たりの資本金等の額等の計算	直前期末の資本金等の額	直前期末の発行済株式数	直前期末の自己株式数	1株当たりの資本金等の額（①÷（②−③））	1株当たりの資本金等の額を50円とした場合の発行済株式数（①÷50円）
	① 10,000 千円	② 2,000 株	③ 0 株	④ 5,000 円	⑤ 200,000 株

2．比準要素等の金額の計算

1株（50円）当たりの年配当金額 — 直前期末以前２（３）年間の年平均配当金額

事業年度	⑥ 年配当金額	⑦ 左のうち非経常的な配当金額	⑧ 差引経常的な年配当金額（⑥−⑦）	年平均配当金額
直前期	1,200 千円	千円	㋑ 1,200 千円	⑨（㋑＋㋺）÷２　1,200 千円
直前々期	1,200 千円	千円	㋺ 1,200 千円	
直前々期の前期	1,200 千円	千円	㋩ 1,200 千円	⑩（㋺＋㋩）÷２　1,200 千円

比準要素数1の会社・比準要素数0の会社の判定要素の金額		
⑨/⑤	Ⓑ₁ 6 円	0 0 銭
⑩/⑤	Ⓑ₂ 6 円	0 0 銭
1株(50円)当たりの年配当金額（Ⓑ₁の金額）	Ⓑ 6 円	00 銭

1株（50円）当たりの年利益金額 — 直前期末以前２（３）年間の利益金額

事業年度	⑪法人税の課税所得金額	⑫非経常的な利益金額	⑬受取配当等の益金不算入額	⑭左の所得税額	⑮損金算入した繰越欠損金の控除額	⑯差引利益金額（⑪−⑫＋⑬−⑭＋⑮）
直前期	10,000 千円	千円	千円	千円	千円	㊁ 10,000 千円
直前々期	15,000 千円	千円	千円	千円	千円	㋭ 15,000 千円
直前々期の前期	12,500 千円	千円	千円	千円	千円	㋬ 12,500 千円

比準要素数1の会社・比準要素数0の会社の判定要素の金額	
㊁/⑤ 又は （㊁＋㋭）÷２/⑤	Ⓒ₁ 50 円
㋭/⑤ 又は （㋭＋㋬）÷２/⑤	Ⓒ₂ 68 円
1株（50円）当たりの年利益金額〔㊁/⑤ 又は （㊁＋㋭）÷２/⑤ の金額〕	Ⓒ 50 円

1株（50円）当たりの純資産価額 — 直前期末（直前々期末）の純資産価額

事業年度	⑰ 資本金等の額	⑱ 利益積立金額	⑲ 純資産価額（⑰＋⑱）
直前期	10,000 千円	205,000 千円	㋣ 215,000 千円
直前々期	10,000 千円	200,000 千円	㋠ 210,000 千円

比準要素数1の会社・比準要素数0の会社の判定要素の金額	
㋣/⑤	Ⓓ₁ 1,075 円
㋠/⑤	Ⓓ₂ 1,050 円
1株(50円)当たりの純資産価額（Ⓓ₁の金額）	Ⓓ 1,075 円

3．類似業種比準価額の計算

1株（50円）当たりの比準価額の計算

類似業種と業種目番号：繊維・衣服等卸売業（No. 67）

類似業種の株価	
課税時期の属する月　5月	㋷ 109 円
課税時期の属する月の前月　4月	㋦ 113 円
課税時期の属する月の前々月　3月	㋸ 115 円
前年平均株価	㋾ 104 円
課税時期の属する月以前２年間の平均株価	㋻ 113 円
A〔㋷、㋦、㋸、㋾及び㋻のうち最も低いもの〕	⑳ 104 円

区分	1株(50円)当たりの年配当金額	1株(50円)当たりの年利益金額	1株(50円)当たりの純資産価額	1株(50円)当たりの比準価額
評価会社	Ⓑ 6 円 0 0 銭	Ⓒ 50 円	Ⓓ 1,075 円	⑳ × ㉑ × 0.7※
類似業種	B 3 円 0 0 銭	C 11 円	D 171 円	※ 中会社は0.6 小会社は0.5 とします。
要素別比準割合	Ⓑ/B 2.00	Ⓒ/C 4.54	Ⓓ/D 6.28	
比準割合	（Ⓑ/B ＋ Ⓒ/C ＋ Ⓓ/D）/3 ＝ ㉑ 4.27			㉒ 222 円 0 0 銭

類似業種と業種目番号：卸売業（No. 65）

類似業種の株価	
課税時期の属する月　5月	㋐ 226 円
課税時期の属する月の前月　4月	㋒ 235 円
課税時期の属する月の前々月　3月	㋕ 228 円
前年平均株価	㋹ 197 円
課税時期の属する月以前２年間の平均株価	㋡ 207 円
A〔㋐、㋒、㋕、㋹及び㋡のうち最も低いもの〕	㉓ 197 円

区分	1株(50円)当たりの年配当金額	1株(50円)当たりの年利益金額	1株(50円)当たりの純資産価額	1株(50円)当たりの比準価額
評価会社	Ⓑ 6 円 0 0 銭	Ⓒ 50 円	Ⓓ 1,075 円	㉓ × ㉔ × 0.7※
類似業種	B 4 円 2 0 銭	C 29 円	D 255 円	※ 中会社は0.6 小会社は0.5 とします。
要素別比準割合	Ⓑ/B 1.42	Ⓒ/C 1.72	Ⓓ/D 4.21	
比準割合	（Ⓑ/B ＋ Ⓒ/C ＋ Ⓓ/D）/3 ＝ ㉔ 2.45			㉕ 241 円 3 0 銭

1株当たりの比準価額	比準価額（㉒と㉕とのいずれか低い方）		
	222 円 0 0 銭	× ④の金額 5,000 円 / 50円	㉖ 22,200 円

比準価額の修正			
直前期末の翌日から課税時期までの間に配当金交付の効力が発生した場合	比準価額（㉖）　円 −	1株当たりの配当金額　円　銭	修正比準価額 ㉗ 円
直前期末の翌日から課税時期までの間に株式の割当て等の効力が発生した場合	比準価額（㉖）（㉗があるときは㉗）（　円＋ 割当株式1株当たりの払込金額　円　銭 × 1株当たりの割当株式数　株）÷（1株＋ 1株当たりの割当株式数又は交付株式数　株）		修正比準価額 ㉘ 円

※類似業種の株価は、仮の金額をおいています。

類似業種比準方式による計算

第5表 1株当たりの純資産価額(相続税評価額)の計算明細書

会社名 ひかり商事 株式会社

1. 資産及び負債の金額（課税時期現在）

資産の部				負債の部			
科目	相続税評価額	帳簿価額	備考	科目	相続税評価額	帳簿価額	備考
現金・預金	2,500 千円	2,500 千円		支払手形	10,000 千円	10,000 千円	
受取手形	15,000	15,000		買掛金	5,000	5,000	
売掛金	20,000	20,000		短期借入金	10,000	10,000	
商品	30,000	30,000		未払金	600	600	
未収入金	5,500	5,500		未払法人税等	3,000	3,000	
建物	16,250	25,000		未払消費税	4,000	4,000	
建物附属設備		10,000		預り金	50	50	
構築物	5,600	8,000		長期借入金	100,000	100,000	
什器備品	4,000	4,000					
土地	105,000	70,000					
保険積立金	10,000	10,000					
合計	① 213,850	② 200,000		合計	③ 132,650	④ 132,650	
株式等の価額の合計額	㋑ 0	㋺ 0					
土地等の価額の合計額	㋩ 105,000						
現物出資等受入れ資産の価額の合計額	㋥	㋭					

2. 評価差額に対する法人税額等相当額の計算

相続税評価額による純資産価額 (①-③)	⑤	81,200 千円
帳簿価額による純資産価額 ((②+㋺-㋥)-④、マイナスの場合は0)	⑥	67,350
評価差額に相当する金額 (⑤-⑥、マイナスの場合は0)	⑦	13,850
評価差額に対する法人税額等相当額 (⑦×37%)	⑧	5,124

3. 1株当たりの純資産価額の計算

課税時期現在の純資産価額 (相続税評価額) (⑤-⑧)	⑨	76,076 千円
課税時期現在の発行済株式数 (第1表の1の①-自己株式数)	⑩	2,000 株
課税時期現在の1株当たりの純資産価額 (相続税評価額) (⑨÷⑩)	⑪	38,038 円
同族株主等の議決権割合(第1表の1の⑤の割合)が50％以下の場合 (⑪×80%)	⑫	円

純資産価額方式による計算

第6章

原則的評価方式

原則的評価方式は、同族株主をはじめ経営参加などを目的とする支配力が強い株主を対象とし、①類似業種比準方式や、②純資産価額方式により評価することになっています。

> ①類似業種比準方式……評価会社の株式を同種同業の上場会社の株価をもとにして評価します。
> ②純資産価額方式……評価会社の清算価値に着目して評価します。

特例的評価方式

特例的評価方式は、その株式の所有が配当金の取得を目的とする支配力の弱い少数株主を対象とし、配当還元価額により評価します。

> 【配当還元価額の計算方法】
>
> $$配当還元価額_{(注1)} = \frac{年配当金額_{(注2)}}{10\%} \times \frac{1株あたりの資本金の額}{50円}$$
>
> (注1) 年配当金額が2円50銭未満となる場合、または無配の場合は2円50銭とします。
> (注2) 年配当金額 = $\frac{直前期末以前2年間の配当金額}{2}$ ÷ 1株あたりの資本金の額を50円とした場合の発行株式数（資本金÷50円）

■ 株主の区分・会社規模の区分・評価方法

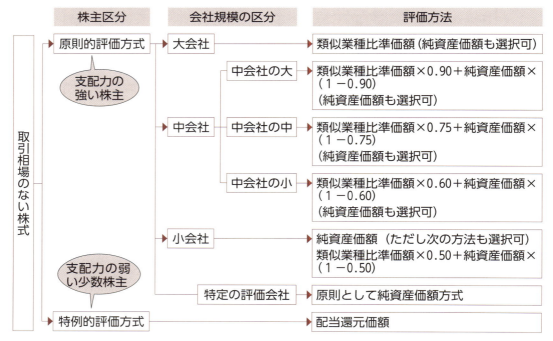

■ 大・中・小会社の区分判定基準

会社規模		大会社	中会社			小会社
			大	中	小	
従業員数		70人以上	35人超 70人未満	20人超 35人以下	5人超 20人以下	5人以下
総資産価額（帳簿価額）	卸売業		20億円以上	4億円以上	2億円以上	7,000万円以上	7,000万円未満
	小売・サービス業		15億円以上	5億円以上	2億5,000万円以上	4,000万円以上	4,000万円未満
	上記以外		15億円以上	5億円以上	2億5,000万円以上	5,000万円以上	5,000万円未満
年間取引金額	卸売業		30億円以上	7億円以上	3億5,000万円以上	2億円以上	2億円未満
	小売・サービス業		20億円以上	5億円以上	2億5,000万円以上	6,000万円以上	6,000万円未満
	上記以外		15億円以上	4億円以上	2億円以上	8,000万円以上	8,000万円未満

＊従業員数70人以上……大会社
　従業員数70人未満……従業員数と総資産価額は、いずれか下位の会社規模区分を選択したうえで、さらに年間取引金額とを比較して、いずれか上位の区分を選択します。

　上記の取引相場のない株式の評価は、相続・贈与があった場合の税務上の評価方法になります。
　それに対して、いわゆる非上場株式を売買（自己株式の買取りを含みます）するときの評価は、この評価方法により計算した相続税評価額をベースに異なる方法により評価しますので、くわしくは税理士にご相談ください。 自己株式の買取要請 P.058

第6章

2. 自己株式の買取要請への対応

> 亡くなった社長の相続人から会社の株式の買取要請があった場合、株主総会での議決をはじめ買取資金の手当てや買受価格の設定など解決すべき課題があります。

　亡くなった社長の相続人から、相続税の納税資金に充てるための、会社に対する株式の買取要請が想定されます。会社法では、すべての株式に譲渡制限が付された非公開会社が亡くなった社長の相続人からその株式を取得する場合に限って、他の株主が、自分の株も買ってほしいと訴える権利（売主追加請求権）を排除しています。したがって、亡くなった社長の相続人は、他の株主の動向にかかわらず相続した株式を会社との合意に基づいて会社に売却して相続税を支払うことができます。

自己株式の買取要請で注意すべき点

①買取りを希望する相続人は原則として株主総会で議決権を行使することができません。したがって、残りの株式で議決権の2/3以上の賛成を得る必要があります。

②会社が取得できる買取価格には財源規制があり、分配可能額を超えることはできませんので、相続人と買取価格について協議する必要があります。

③会社に買取資金が必要になります。

④会社が取得した自社株（自己株式）には議決権がありませんので、後継者の経営権に支障が生じないように配慮する必要があります。

同族会社が同族株主から自己株式を買い取る場合の株式の時価（評価額）

　亡くなった社長の相続人が会社の株式を会社に売却する場合は、税務上のトラブルを避けるため、税法上の時価による必要があります。たとえば、所得税基本通達に定める時価については、次の諸点の修正を加えることを条件に「財産評価基本通達に定める方法に準じて算定した価額」を取引相場のない株式の時価として採用することを認めています。

①株主区分の判定は、譲渡前の保有株数により判定すること

②中心的な同族株主に該当する場合は、小会社に該当するものとして計算すること

③純資産価額の算定にあたって、土地と上場株式は時価に洗い替えること

④洗替えに伴う評価差額について法人税相

当額（37％）は控除しないこと

法人税基本通達に定める時価もほぼ同様で、原則として所得税法上の時価と法人税法上の時価とは一致します。

時価の算定にあたっては、税務署に所定の「取引相場のない株式の評価明細書」がありますから、それに上記修正を加えて時価（評価額）の算定を行うことになります。

発行会社が相続人から自己株式を取得する手順

1. 取締役会の開催

臨時株主総会の開催日、議案（決議事項である取得内容の大枠）を決定します。

2. 株主総会の招集

非公開会社の場合は、株主総会の1週間前までに、株主へ招集を通知します。

3. 株主総会の開催

株主総会において、株式取得のための事項を特別決議で決議します。決議にあたっては、買取りの対象者である株主は議決権を行使できません。

【決議事項】
① 取得する株式数（種類株式発行会社では、株式の種類と種類ごとの株式数）
② 取得と引換えに交付する金銭などの内容とその総額
③ 取得することができる期間（総会決議から1年以内に限ります）
④ 株主への通知を特定の株主に行う旨およびその特定株主

4. 取締役会の開催

株主総会の決議を受け、決議の範囲内で、取締役会が具体的な自己株式の取得価格などを決定します。

【取締役会での決議事項】
① 取得する株式数（種類株式発行会社では、株式の種類と種類ごとの株式数）
② 株式1株を取得するのと引換えに交付する金銭などの内容および数もしくは額またはこれらの算定方法
③ 株式を取得するのと引換えに交付する金銭などの総額
④ 株式の譲渡の申込期日

5. 相続人に対する通知

6. 相続人から会社に対する譲渡の申込み

取締役会で決定した譲渡の申込期日に会社が承諾したものとみなされて、売買契約が成立します。

7. 相続人からの株式の取得と代金の支払い

第6章

3. 生命保険金受給の有無

社長に"もしものこと"があった場合に備えて、社長が被保険者となっている保険がないか確認しておきましょう。入院給付金が請求できる場合もありますから、契約内容についても併せて確認しておきましょう。

社長が被保険者となっている保険があった場合、契約内容によっては会社ではなく遺族が手続きをする場合がありますので、保険証券などをよく確認しましょう。

保険料を会社が負担している場合

会社が保険料を負担している場合は、死亡保険金の受取人が会社か遺族かによって税金の取扱いが異なります。

受取人が会社の場合は、会社の収入として法人税の課税対象となる一方、それを遺族に対して弔慰金や死亡退職金として支払うときには、費用計上することになります。

弔慰金・死亡退職金 P.012・014

受取人が遺族の場合は、保険金が直接遺族に支払われ、遺族の相続税の課税対象となります。遺族が受取りの手続きをすることになりますので、遺族に保険金が支給される旨をお伝えください。

必要書類 P.156

保険料が給与から天引きされている場合

給与から保険料が天引きされる保険には、保険会社が募集・申込みを行う「団体扱い」と会社が募集・申込みを行う「団体保険」があります。

「団体扱い」の保険請求や契約内容の変更は遺族が行うこととなりますので、その旨を遺族に伝えましょう。

「団体保険」の保険請求は会社を通じて行うこととなります。団体定期保険などは、本人だけでなく遺族が加入している場合でも保険請求が可能なときがありますので、加入者証などの加入内容がわかる書類を確認しましょう。

必要書類 P.158

その他の注意事項

①会社から請求をする場合に、社長のほかに代表者がいなければ、新代表者登記後に新代表者から保険会社に請求する必要がありますのでご注意ください。

②遺族が加入している団体定期保険などで、社長自身が受取人となっている保険がないか確認しましょう。もし、社長が受取人になっている場合には、受取人の変更手続きが必要となりますのでご注意ください。

必要書類 P.158

③保険金または給付金などを請求する権利は、保険会社によっては、時効により消滅してしまう場合もありますので、お気をつけください。

■ 団体保険の保険請求の流れ（保険会社の資料を基に作成）

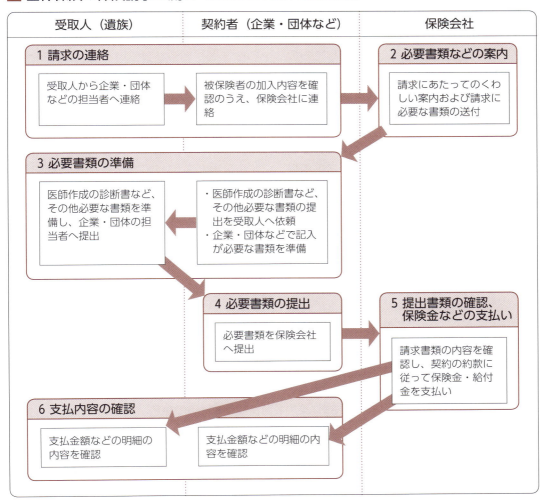

＊1　契約によっては、上記の流れに準じない場合もあります。
＊2　必要に応じて詳細な事実の確認が実施されることがあります。
＊3　請求の連絡をした際、保険会社から病名や事故の様子などを確認されることがあります。

第7章 もしもに備えておきたい生前対策あれこれ

1. 名義株への対応

> 名義株の有無については、会社を設立した当時の状況を一番よく知る社長にしかわからないことが多いので、社長自らが率先して実質株主を確認し、実態に即した株主名簿を整備しておきましょう。

名義株の整理

かつては株式会社の設立のためには最低7人の発起人が必要でした。そのため、出資払込金は社長が用意し、家族や親戚、友人などの名義を借りて会社を設立したものの、その後のフォローを怠ったために実質株主と名義人が異なる、いわゆる名義株が生じているケースが散見されます。

名義株であった場合は、真実の株主は名義人ではなく社長と認定され、将来の相続税の負担増につながります。逆に名義株でなければ、その名義人が自らが株主であると主張して配当のみならず会社や社長に買取りを請求してくるかもしれません。とりわけ株価が高くなっている場合には、その影響は小さくないでしょう。

そこで、まずは設立当時の状況をよく知る社長自ら実質株主が誰であるかを判定し、社長に万一のことが起こる前にトラブルに発展しない対策を講じておく必要があります。

■ 名義株の判定

株式の払込みは誰が行ったか → 名義人 → 名義株でない（名義人の財産）

社長が出資者

- ・名義人との合意があったのか？
- ・名義人に自覚はあるのか？
- ・名義人が株式を引き受けた目的は？
- ・株券は誰が保有しているのか？
- ・配当は誰が受け取っているのか？
- ・配当の支払調書は誰の名前になっているのか？
- ・配当所得の確定申告は誰が行っているのか？
- ・出資時から現在までの経過期間は？
- ・株主総会の招集通知の発送先は？
- ・株主総会の出席者は誰か？

↓ 名義株である（実質株主の社長財産）

株式の払込みを誰が行ったかを設立当時の資料から確認することが難しい場合は、上記のポイントから総合的に判定せざるを得ないでしょう。

実質株主が株主名簿や法人税申告書別表2と相違する場合は、名義株主との合意を取り付け「名義株確認書兼名義書換承諾書」を作成し、書換えを行いましょう。

名義株である旨を承諾する覚書

名義株確認書兼名義株書換承諾書

ひかり商事株式会社御中

株主名簿に記載している私名義の貴社株式10株は、ひかり太郎様の依頼により名義を貸したことによるものであり、会社の設立にあたり、私は金銭の拠出を一切しておりません。よって、真正なる所有者であるひかり太郎様もしくはその相続人様への名義変更を承諾いたします。

平成30年6月6日

住所　京都市北区北大路町1－1
氏名　のぞみ三郎　　　　　　　㊞

承諾書は後々のことを考えて、実印押印のうえ自署をしてもらい、印鑑証明書を添付してもらっておきましょう。贈与税などの問題が発生する場合もありますので、公証役場で確定日付を受領しておくのもよいでしょう。

名義株でなかった場合の対応

名義株であった場合は名義人の合意を受け上記の承諾書により名義変更を行うことで解決しますが、名義株ではない場合、あるいは名義株でないと主張された場合は、
①名義株所有者の相続の開始後1年以内⇒相続人などに対する株式売渡請求
　　　　　　　　　　　　　株式売渡請求 P.036
②買取りができそう⇒自社株評価引下げ対策による買取り
　　　　　　　　　　　　　自社株評価引下げ P.066
③買取りが困難⇒議決権を制限するための集中対策
　　　　　　　　　　　　　議決権の集中 P.068

のいずれかの検討が必要になります。

いずれにせよ、名義株主は創業者と同世代であることが多く、その株主の相続も近いことが想定されるため、早期に対策を進めることが必要です。

第7章

2. 役員借入金対策

> 決算書に多額の役員借入金がある場合は要注意です。将来、社長に"もしものこと"があった場合、それが社長個人の相続財産になりますので、予期せぬ相続税がかかるかもしれません。

中小企業のオーナー社長の相続税対策を検討する場合、役員借入金という頭の痛い問題に遭遇することがあります。

決算書上に役員借入金があるということは会社の資金繰りが厳しく、社長個人が会社に対してお金を貸している状況です。この役員借入金の金額があまりに膨らんでしまうと、将来、社長に相続が発生した場合、相続人が思いもよらない相続税を納めることになるかもしれません。

役員借入金を減らす対策①──役員報酬を減らして借入金を返済

社長の役員報酬を減額し、減らした分だけ役員借入金の返済原資に充てる方法が考えられます。この場合、社会保険料や源泉所得税の負担が抑えられますので、社長の実質手取額は増加します。

【ポイント1】社長個人の税金は減るが、役員借入金の返済は会社の経費にならないため、会社の利益は増える。
【ポイント2】基本的に会社の資金繰りには対策前後で影響がない。

役員借入金を減らす対策②──債務免除の活用

赤字決算で資金繰りが厳しい会社の場合、過年度の税務上の赤字である繰越欠損金が累積しているケースが多くあります。この繰越欠損金の範囲内で債務免除を行うことによって役員借入金を減少させることができます。

【ポイント1】会社が債務超過でなければ、株式の評価額が増えるため、同族株主間でみなし贈与と認定される可能性がある。
【ポイント2】債権放棄通知書を整備し、公証役場で確定日付を取っておく。

■ 債権放棄通知書文例

債権放棄通知書

　ひかり太郎（以下、甲という）はひかり商事株式会社（以下、乙という）に対して有する平成30年2月28日現在の貸付金10,000,000円を貴社の財政状態に鑑み放棄いたします。

平成30年3月1日

（甲）　住　所　　京都市中京区ひかり町1丁目1番地
　　　　氏　名　　ひかり太郎

（乙）　住　所　　京都市中京区ひかり町1丁目2番地
　　　　会社名　　ひかり商事株式会社
　　　　代表者　　ひかり太郎

役員借入金を減らす対策③──借入金を資本金に振り替える

　役員借入金を資本金に振り替えることによって、社長の財産は貸付金から株式に変換され、相続税評価額を圧縮できる場合があります。ただし、資本金の額が大きくなりすぎると、会社の方で法人住民税の均等割額の負担が増加したり、法人事業税の外形標準課税の適用を受けたりする可能性がありますので注意が必要です。

【ポイント1】資本金が1億円を超えると法人税の中小企業の優遇税制が使えなくなる。

■ 中小企業の主な優遇税制

・800万円以下の所得に対して軽減法人税率15％を適用（大法人は23.2％）
・繰越欠損金の控除割合が100％（大法人は50％）
・欠損金の繰戻しによる還付制度
・800万円以下の交際費等は全額損金算入（接待飲食費の50％まで損金算入も選択可）
・取得価額が30万円未満の少額減価償却資産の一括経費処理
・投資促進税制（機械等を取得した場合の特別償却または税額控除）

【ポイント2】資本金の額が大きくなることによって地方税の均等割負担が増える。

■ 法人府民税・市民税の均等割税率の一例（京都府・市の場合）

資本金の額	府民税	市民税
1千万円以下	2万円	5万円
1千万円超 1億円以下	5万円	13万円
1億円超　10億円以下	13万円	16万円

【ポイント3】資本金が1億円を超えると法人事業税の外形標準課税の対象になる。

第7章

3. 自社株評価引下げ対策

自社株（取引相場のない株式）の評価引下げ対策を検討するにあたっては、財産評価基本通達をはじめとした税務上の株式評価に関する法令および通達を理解したうえで、高株価の要因を分析します。
その分析結果をふまえて、対策方法を洗い出し、自社にとって最善の対策を実行します。

検討フローチャート

■ **STEP 1：株式評価**（財産評価基本通達などによる税務上の時価算定）

■ **STEP 2：評価方法の確認、高株価要因の分析**

STEP 1 で算定した株価の評価方法を確認し、さらに各評価方法のうち高株価となっている要因を分析し、対策を検討します。

取引相場のない株式の評価 P.052

評価区分	高株価要因	対策
特定の評価会社	・土地などの保有比率が高い ・株式などの保有比率が高い ・2期連続赤字＆無配当など	引下げ対策①
原則的評価方式 （小会社・中会社）	・配当が多い ・利益が多い ・純資産額が大きい	引下げ対策②〜④
原則的評価方式 （大会社）	・配当が多い ・利益が多い ・純資産額が大きい	引下げ対策③
特例的評価方式		引下げ対策⑤

■ **STEP 3：株式の移転**

株価の引下げ後に株式をどのように移転するかを検討します。
株式の移転には以下の方法があります。

・贈与（寄附）・相続（遺贈を含む）・譲渡・株式交換などの組織再編行為・増資（第三者株式割当て、新株予約権の導入など）

具体的な引下げ対策

	対　策		内　容
①	特定の評価会社から一般の評価会社への変更	・比準要素数0の会社 ・比準要素数1の会社 　（配当が0の会社）	定時または臨時配当の実施 記念配当または特別配当の活用
		・株式保有特定会社	株式の現金化 株式以外の資産の増加（借入れ、出資） 子会社からの配当の受領 子会社株式の評価引下げ
		・土地保有特定会社	土地の現金化 土地以外の資産の増加（借入れ、出資） グループ会社への土地の移管 土地の評価引下げ（貸地、貸家建付地など）
②	会社区分の変更	従業員数および取締役の増加 総資産価額の引上げ（借入れ、出資） 組織再編による取引金額（売上）の増加 事業持株会社の設立　　など	
③	類似業種比準価額の引下げ	・配当の比準要素が高い	配当の停止 配当優先株または無配当株式の導入
		・利益の比準要素が高い	役員退職金の支給 保険、オペレーティングリースの活用 資産の含み損実現（売却、除却） 高収益部門の分離　　など
		・純資産の比準要素が高い	資産の含み損実現 不良債権の貸倒損失 有償配当または自己株式の取得 分割型分割　　など
④	純資産価額の引下げ	不動産の取得 債務超過会社との合併等 債権の株式化 事業分離 低解約返戻金保険の加入 役員退職金の支給　　など	
⑤	配当還元価額の引下げ	配当の停止 配当優先株または無配当株式の導入	

第7章

4. 議決権の集中対策

> 社長が亡くなった後、後継社長が安定した事業経営を行うには、会社の株式（議決権）を後継社長に集中させる必要があります。

　株式に付与されている議決権とは会社の意思決定に参加する権利です。亡くなった社長が所有していた株式は相続財産となります。相続によって経営に関与しない人が株式を保有することになりますと後継社長による意思決定がスムーズにいかなくなるなど、将来の経営に支障が出てくる可能性があります。こうしたリスクを防ぐためにも後継社長への議決権の集中対策が必要となります。

分散させないための対策

	項目	内容	留意点
①	生前贈与をする	生前に、後継者に株式を贈与する手続です。	・自社株式の贈与税の納税猶予制度の適用により贈与税が猶予される場合があります。 ・納税猶予の適用がない場合、多額の贈与税が発生する可能性があります。 ・複数の相続人がいる場合は、「遺留分」への注意が必要です。
②	遺言書を作成する	遺言書を作成し、後継者に相続させます。	・自筆証書遺言は無効になる可能性があります。 ・①同様「遺留分」への注意が必要です。
③	民事信託を利用する	後継者に信託することにより、受託者として後継者に議決権が渡ります。	・委託者（社長）≠受益者（配当をもらう権利などの利益を受け取る人）の場合は、受益者に多額の贈与税がかかる可能性があります。
④	持株会社を設立する	後継者が出資をし、持株会社（資産管理会社）を設立します。その会社に株式を購入させ、現社長から持株会社に資産を移転することで相続財産からはずし分散を防ぎます。	・資産管理会社の運営費や株式を購入する費用がかかるため多額の資金が必要になります。

	項目	内容	留意点
⑤	株式の譲渡制限を導入する	株式を譲渡する際に、会社の承認を必要とする定めを定款に記載することで、自由な譲渡を制限し、後継者に株式を集中しやすくします。	・この制度を新たに導入する定款変更は、株主総会の特殊決議（議決権を行使できる株主の人数の過半数が賛成し、かつ議決権の2/3以上の賛成）が必要です。
⑥	株式の売渡請求を導入する	⑤の株式の譲渡制限は定款で規定していても、相続による取得には適用されません。定款に売渡請求権規定を設定することで、会社が相続人に対し、株式の売渡しを請求できるようになります。	・この制度を新たに導入する定款変更は、株主総会の特別決議が必要です。 ・売渡請求をする場合にもその都度特別決議が必要です。 ・後継者が株式を相続した場合にも会社から売渡請求を受ける可能性があります。 ・会社に購入する十分な資金が必要となります。
⑦	株式に取得条項を付与する	現在発行している株式に取得条項を付与することで、一定の事由が発生した際に、会社が強制的に株式を買い取ることができます。一定事由を「株主が死亡した場合」などに設定することで、後継者以外の他の相続人を排除することができます。	・取得条項を付与するには、株主全員の同意が必要です。 ・会社に購入する十分な資金が必要となります。

すでに分散している株式を再び集中させる対策

	項目	内容	留意点
①	後継者が他の株主から株式を買い取る	後継者が他の株主に交渉して、売買契約を結び、買取りをします。	・定款に譲渡制限を設けている会社は、譲渡承認の手続きが必要です。 ・他の株主が後継者に友好的でない場合は、売買契約が成立しない可能性があります。
②	会社が他の株主から株式を買い取る	会社が後継者以外の他の株主に交渉して、売買契約を結び、買取りをします。会社が買い取った自己株式は、議決権を行使できないため、結果として後継者の議決権の割合が高まります。	・会社が株式を購入する際は、株主総会の特別決議が必要です。 ・購入できる金額に上限があり、分配可能額までとなります。

	項目	内容	留意点
③	会社が新株を発行して後継者に割当てをする	会社が新株の第三者割当発行をし、後継者にのみ割当てをします。	・定款で株式の譲渡制限を設けている会社は、株主総会の特別決議が必要です。

議決権を集中させる対策

	項目	内容	留意点
①	種類株式を設定する	種類株式とは、配当や議決権など株式の権利内容が異なる株式のことをいいます。前記の譲渡制限株式や取得条項付株式も種類株式に該当します。この種類株式を利用して、議決権を集中させることができます。	・種類株式を新たに導入する定款変更は、株主総会の特別決議が必要です。
②	無議決権株式を発行する	無議決権株式とは、議決権の全部が制限されている株式です。後継者以外の相続人に無議決権株式を取得させることで、後継者に議決権を集中させます。	・無議決権株主には議決権がなく、配当を受ける権利のみ有します。
③	拒否権付株式（黄金株）を発行する	拒否権付株式（黄金株）とは、株主総会の一定の決議事項について拒否権を有する株式です。1株でも決議を拒否できるため、最も強い効力を有しており、その効力の強さから黄金株とも呼ばれています。後継者に相続させることで、事業経営を安定させます。	・非常に強い効力を有するため、後継者以外の方が相続されることのないよう細心の注意が必要です。

COLUMN 自社株式の贈与税の納税猶予制度

　円滑な事業承継を推進するため、贈与により取得した株式のうち一定の要件を満たした場合には、その株式に係る贈与税額の全額が猶予される制度が設けられています。平成21年から設けられていた制度ですが、平成30年1月から10年間については、制度が拡充され、さらに要件も大幅に緩和されることとなり、非常に利用しやすい制度となりました。

第7章

5. 事業承継計画の策定

> 円滑な事業承継を実現するには、期限を定めてやるべきことをまとめた事業承継計画を後継者と共同して作成しておくことが望まれます。

事業承継の準備をしないまま経営者が突然亡くなってしまった場合、求心力を失った会社は、砂上の楼閣のごとく、経営方針が定まらず業績不振に陥ってしまうことでしょう。

また、事業価値が毀損すればM&Aによって会社を残すことも難しくなるでしょうし、対応が後手に回って倒産や廃業という最悪の事態も考えられます。

事業を何としても継続して従業員を路頭に迷わせないためにも、いつバトンタッチするのが最適かを明確にしておく必要があります。要は、「備えあれば憂いなし」ということです。

事業承継計画策定のポイント

事業承継計画の策定にあたっては、まずは現状の課題を整理し、会社の中長期的な経営方針や目標を設定します。そのうえで、事業承継の実行に向けて会社・現経営者・後継予定者それぞれの具体的な行動を盛り込んでいきます。

事業承継計画策定に必要な作業

これまでの歩みを振り返りながら、また、事業を続けてきた経営者の想いを整理しながら計画を作り込んでいきます。

自社の現状分析	現状の課題を整理する。
今後の予測	事業承継した後、事業の持続的な成長を実現するために今後の環境の変化を予測し、対応策を検討する。
方向性、承継時期	現在の事業を継続していくのか、事業の転換を図っていくのかなど、自社の事業領域を明確にする。実現するための戦略についてもイメージを固め、事業承継の時期、方法を計画していく。
目標の設定	売上や利益、マーケットシェアといった具体的な指標ごとの中長期的な経営戦略について、目標を設定する。
課題の整理	後継者を中心とした経営体制へ移行する際の具体的課題を整理する。専門家への相談、資金調達といった要素を盛り込むことで、より現実的な計画が策定できる。

中長期目標のタイムスケジュールへの落込み

　会社の将来に向けた中長期的な経営計画と経営ビジョンを策定します。会社の事業規模、事業の方向性、売上高や経常利益など具体的な数値目標を設定します。この中長期的な経営計画を踏まえて事業承継の実行計画を重ねていきます。

■ 中小株式会社の中長期目標（事業計画）

経営理念	時代のニーズを迅速にとらえるスピード経営
事業の方向性	・既存の取引先を重視した堅実路線を維持。 ・過剰な設備投資は行わないが、商品力を確保するための開発費を毎年一定額以上、確保する。 ・不要な債務は計画的に圧縮し、財務体質の健全化を図る。

将来の利益目標		現状	5年後	10年後
	売上高	8億円	9億円	12億円
	経常利益	3,000万円	3,500万円	5,000万円

事業承継に向けた経営者・後継者・会社の行動設定

経営者	後継予定者の選定や権限委譲、自社株式をはじめとする事業用資産の承継など
後継予定者	自社の経営を取り巻く環境に対する理解や経営に必要な実務能力の習得など
会社	自社株式の分散を防止するための定款変更・経営者への退職金支給・議決権の集約など

策定した事業承継計画書の関係者との共有

　事業承継計画を関係者と共有しておくことで、後継者、従業員のノウハウ習得、会社組織の再構築など、経営者交代に伴う体制作りを進めることに対する理解や協力が得られやすくなります。また、事業承継後の信頼関係の維持にもつながります。

　一方で、後継予定者が関係者に認知されるかどうかは、経営承継の成否に関わる重要なポイントです。社内外の経営環境を踏まえながら、計画的に対策を実施していくことが求められます。

■ 後継者に対する関係者からの認知

経営者　後継者

← 実務能力・意思の疎通 →	社内（役員・幹部・社員）	正しい経営決断ができるかな？
← コミュニケーション・現場での実績 →	取引先	誠実に対応してくれるかな？
← 経営に関する正確な情報共有 →	金融機関	信頼できる人物かな？

・後継者が関係者の求める水準に達しない場合は、補佐役やサポート体制の整備などの補完策を検討する。

第7章

6.解散や廃業などの検討

後継者がいないとか今後の事業継続が見込めないときには、現在の経営者が会社の解散および清算を行う、または、事業の全部もしくは一部を整理することを検討しなくてはなりません。検討するにあたっては、利害関係者との調整だけではなく、税務をはじめとした各種手続きなどを理解したうえで進めていくことになります。

後継者がいない場合や今後の事業継続が見込めない場合であっても、従業員の生活や取引先との関係を考慮すると、なかなか解散や事業の廃止を選択することは容易ではありません。そのような場合には、社内承継（従業員もしくは他の役員）または第三者承継（M&A）という選択肢も検討してみる必要があります。

選択肢判定フローチャート

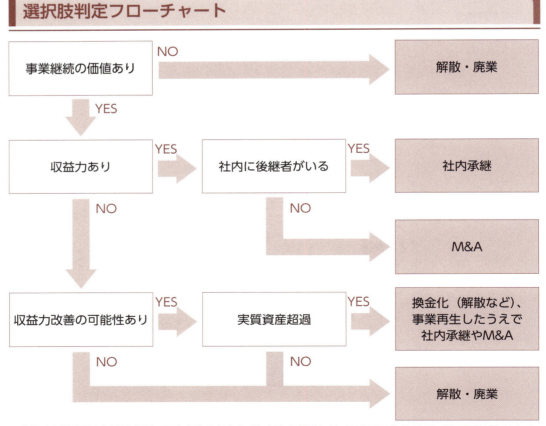

＊会社または事業に特別な価値（特許権やのれんなど）がある場合には、第三者承継（M&A）の可能性があります。

解散および清算に必要な手続き

手続き	内 容	期限など
法 務	取締役会決議による株主総会の招集（取締役会設置会社のみ）	
	株主総会決議による解散および清算人の選任	招集通知発送後2週間以内*
	解散と清算人選任の登記	解散後2週間以内
	債権申出の公告および知れたる債権者への催告	解散後遅滞なく
	清算財産目録・清算貸借対照表の作成	解散後遅滞なく
	清算財産目録などの株主総会の承認	招集通知発送後2週間以内*
	財産の換価・回収	
	債務の弁済	債権申出期間経過後
	残余財産の分配	
	決算報告書の作成	
	決算報告の株主総会の承認	招集通知発送後2週間以内*
	清算結了登記	株主総会による決算報告承認後2週間以内
税 務	異動（解散）届出書	解散後速やかに
	解散事業年度の申告（事業年度は、事業年度開始の日から解散の日まで）	事業年度終了の日から2か月以内
	清算事業年度の申告	事業年度は、解散の日の翌日から1年ごと
	清算最後事業年度の申告	事業年度は、清算事業年度開始の日から残余財産確定の日まで**
	異動（清算結了）届出書	清算結了後速やかに
	消費税事業廃止届出書	清算結了後速やかに
	給与支払事務所等の廃止届出書	給与支払事務所等の廃止の日から1か月以内
労 務	労働保険確定保険料申告書の提出	事業を廃止した日から50日以内
	雇用保険適用事業所廃止届の提出	事業を廃止した日の翌日から10日以内
	健康保険・厚生年金保険適用事業者全喪届の提出	適用事業所でなくなった日から5日以内
個人保証	個人保証の履行（個人資産の換価などによる保証債務の履行）	債務超過である場合
退職金	役員退職金の支給	残余財産がある場合

* 非公開会社の場合は招集通知発送後1週間以内
** 残余財産の最後の分配または引渡しが行われる場合はその前日まで

第2編

遺族が行う手続き

第1章 社長が亡くなった直後に行う手続き

1. 死亡診断書などの入手

社長に"もしものこと"があった場合には、まずは亡くなったことを証明する書類を手配することから始めます。

死亡診断書（死体検案書）が必要な理由

　死亡診断書（死体検案書）がなければ医学的には死亡したことが証明されず、法的にも生存していると解釈されます。そのため、この書類がなければ次項以降で説明する死亡届の提出や火葬・埋葬の許可申請ができませんので、ご不幸があった場合は速やかに手配する必要があります。

死亡診断書と死体検案書の違い

　入院中の死亡や老衰死など死因が明確な場合は、死亡を確認した医師が死亡診断書を作成します。一方、不慮の事故死や自宅での突然死などの場合は、警察を通じて監察医または警察委託の医師が死体検案書を作成します。

用紙の入手先	葬儀会社、病院、市区町村の役場
申請先	死亡診断書→病院 死体検案書→警察
手数料	死亡診断書→5,000円～3万円ほど（医療機関によって異なります） 死体検案書→3万円～10万円ほど（地域によって異なります）
交付日	亡くなったことが判明した当日、または翌日には交付

死亡診断書（死体検案書）の様式と必要数

　死亡届・死亡診断書・死体検案書はＡ３判の１枚の用紙です。左半分に死亡届、右半分に死亡診断書（死体検案書）の様式となっています。

　用紙右半分に必要事項が記入され、死亡診断書の場合は病院、死体検案書の場合は警察から交付を受けます。死亡診断書（死体検案書）は市区町村役場に提出する原本１通で足りますが、その後の生命保険の受取りや銀行口座の名義変更手続きなどで役立つことがありますので、複数枚のコピーをとっておくのがよいでしょう。

死亡診断書・死体検案書記載例

第2編 第1章 社長が亡くなった直後に行う手続き

死亡診断書 ~~(死体検案書)~~

この死亡診断書(死体検案書)は、我が国の死因統計作成の資料としても用いられます。かい書で、できるだけ詳しく書いてください。

記入の注意
- 生年月日が不詳の場合は、推定年齢をカッコを付して書いてください。
- 夜の12時は「午前0時」、昼の12時は「午後0時」と書いてください。

氏名	ひかり太郎	①男 2女	生年月日	明治 昭和 大正 平成 25年 4月 3日 (生まれてから30日以内に死亡したときは生まれた時刻も書いてください) 午前・午後 時 分

死亡したとき	平成 30年 5月 1日 午前・午後 5時 10分

(12)(13) **死亡したところ及びその種別**
- 死亡したところの種別:①病院 2診療所 3介護老人保健施設 4助産所 5老人ホーム 6自宅 7その他
- 死亡したところ:京都市上京区こだま町2丁目2 番地
- (死亡したところの種別1~5)施設の名称:京都こだま病院

- 「老人ホーム」は、養護老人ホーム、特別養護老人ホーム、軽費老人ホーム及び有料老人ホームをいいます。

(14) **死亡の原因**
- I欄、II欄ともに疾患の終末期の状態としての心不全、呼吸不全等は書かないでください。
- I欄では、最も死亡に影響を与えた傷病名を医学的因果関係の順番で書いてください。
- I欄の傷病名の記載は各欄一つにしてください。
- ただし、欄が不足する場合は(エ)欄に残りを医学的因果関係の順番で書いてください。

I
- (ア)直接死因:急性心筋梗塞 — 発病(発症)又は受傷から死亡までの期間:約5時間
- (イ)(ア)の原因
- (ウ)(イ)の原因
- (エ)(ウ)の原因

II 直接には死因に関係しないがI欄の傷病経過に影響を及ぼした傷病名等:高血圧 約5年

- 傷病名等は、日本語で書いてください。
- I欄では、各傷病について発病の型(例:急性)病因(例:病原体名)部位(例:胃噴門部がん)、性状(例:病理組織型)等もできるだけ書いてください。
- 妊娠中の死亡の場合は「妊娠満何週」、また、分娩中の死亡の場合は「妊娠満何週の分娩中」と書いてください。
- 産後42日未満の死亡の場合は「妊娠満何週産後満何日」と書いてください。

| 手術 | 1無 2有 部位及び主要所見 | 手術年月日 平成 昭和 年 月 日 |
| 解剖 | 1無 2有 主要所見 | |

- I欄及びII欄に関係した手術について、術式又はその診断名と関連のある所見等を書いてください。紹介状や伝聞等による情報についてもカッコを付して書いてください。

(15) **死因の種類**
- ①病死及び自然死
- 外因死:不慮の外因死{2交通事故 3転倒・転落 4溺水 5煙、火災及び火焔による傷害 6窒息 7中毒 8その他} その他及び不詳の外因死{9自殺 10他殺 11その他及び不詳の外因}
- 12不詳の死

- 「2交通事故」は、事故発生からの期間にかかわらず、その事故による死亡が該当します。
- 「5煙、火災及び火焔による傷害」は、火災による一酸化炭素中毒、窒息等も含まれます。

(16) **外因死の追加事項**
- 傷害が発生したとき:平成・昭和 年 月 日 午前・午後 時 分
- 傷害が発生したところ:都道府県 市区郡 町村
- 傷害が発生したところの種別:1住居 2工場及び建築現場 3道路 4その他( )
- 手段及び状況

◆伝聞又は推定情報の場合でも書いてください

- 「1住居」とは、住宅、庭等をいい、老人ホーム等の居住施設は含まれません。
- 傷害がどういう状況で起ったかを具体的に書いてください。

(17) **生後1年未満で病死した場合の追加事項**
- 出生時体重: グラム
- 単胎・多胎の別:1単胎 2多胎(子中第 子)
- 妊娠週数:満 週
- 妊娠・分娩時における母体の病態又は異状:1無 2有 3不詳
- 母の生年月日:昭和 平成 年 月 日
- 前回までの妊娠の結果:出生児 人 死産児 胎(妊娠満22週以後に限る)

- 妊娠週数は、最終月経、基礎体温、超音波計測等により推定し、できるだけ正確に書いてください。
- 母子健康手帳等を参考に書いてください。

(18) その他特に付言すべきことがら

(19) 上記のとおり診断(検案)する
- 診断(検案)年月日 平成30年5月1日
- 本診断書(検案書)発行年月日 平成30年5月1日
- (病院、診療所若しくは介護老人保健施設等の名称及び所在地又は医師の住所)
- 京都市上京区こだま町2丁目2 番地 番号
- 京都こだま病院
- (氏名) 医師 山田 太郎 ㊞

079

第1章

2. 死亡届の提出

> 死亡診断書（死体検案書）が入手できたら、続いて死亡届を市区町村役場に提出します。

死亡届の作成と提出

死亡診断書（死体検案書）を受け取ったら、用紙左半分にある「死亡届」に必要事項を記入し、市区町村の役場に提出します。

この死亡届を提出しないと火葬をすることができません。期限は7日以内とされていますが、速やかに葬儀を行うためにも、なるべく早く届出をするのがよいでしょう。

提出先	①故人の死亡地 ②故人の本籍地 ③届出人の現住所地 上記、いずれかの市区町村役場の窓口（24時間提出可）
届出人となれる人	親族、同居者、後見人、家主、地主など
期　限	死亡の事実を知った日から7日以内
必要なもの	死亡診断書（死体検案書）、届出人の印鑑（認印で可）
手数料	かかりません
備　考	火葬・埋葬許可申請書も同時に提出しましょう　火葬・埋葬許可 P.82

死亡届の届出人

届出人とは、窓口に実際に持っていく人ではなく、死亡届に署名押印をする人です。

窓口に実際に持っていくのは、届出人以外の代理人（葬儀社など）でも可能ですし、特に別途委任状を用意する必要もありません。

死亡届の提出期限

死亡届は、届出人が死亡の事実を知った日から7日以内に提出しなければなりませんが、国外で死亡した場合は死亡の事実を知った日から3か月以内でかまいません。

役場に死亡届を提出すると、通常1週間前後で戸籍および住民票に死亡の事実が反映されます。提出先は上記表の①②③のどこでもかまいませんが、提出先と本籍地が

あまりに離れていると、反映されるのに時間がかかってしまうこともあります。

また、故人の「住民票上の住所地」に提出することはできませんので、注意してください。なお、死亡届には戸籍に記載してあるとおりの漢字で記入する必要があります。髙（はしごだか）や﨑（たつざき）、𠮷（つちよし）など気をつけて記入してください。

■ **死亡届記載例**

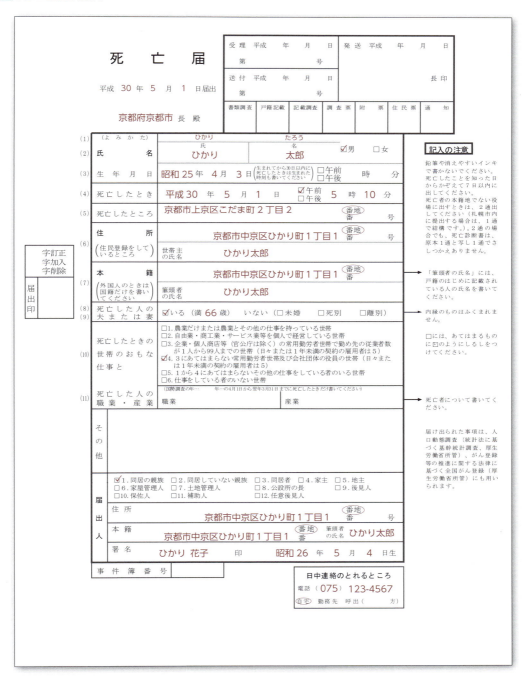

第1章

3. 火葬・埋葬許可の申請

火葬および埋葬をするためには、火葬・埋葬許可の申請が必要です。

遺体の火葬・埋葬は勝手にはできない

遺体を火葬・埋葬するためには、自治体の許可を得なければなりません。そのために死亡届と同時に火葬・埋葬許可申請書を提出します。

死亡届が受理され、役場での手続きが終了すると、火葬許可証が交付されます。

自治体によっては、許可証の申請の必要がなく、死亡届を提出すると火葬許可証を発行してくれるところもあります。

提出先	死亡届の提出先と同じ市区町村の役場窓口
届出人となれる人	死亡届と同じ
期限	死後7日以内
必要なもの	死亡届、届出人の印鑑（認印で可）
手数料	かかりません。申請時に所定の火葬料が必要な市区町村もあり
備考	死亡届と同時に提出

火葬および埋葬は法律によって死後24時間以上経過した後でなければ行うことができません（墓地、埋葬等に関する法律3条）。その理由は蘇生する可能性があるからとされています。死亡診断の技術が未熟な時代には仮死状態で死亡と判定される事故が少なくなかったためですが、技術が発達した現在ではあまり意味はありません。とはいえ、火葬を急ぐ遺族もいませんから、特に問題とされていないようです。

火葬と埋葬の手続き

役場に火葬・埋葬許可申請書を提出し「火葬許可証」が発行されると、その許可証を葬儀場（火葬場）に提出します。火葬が済むと葬儀場（火葬場）で「火葬済」の証明印を押してもらえます。火葬済の証明印が押印された「火葬許可証」が「埋葬許可証」となります。

遺骨を墓地に埋葬するには、「埋葬許可証」が必要です。埋葬の際に、墓地管理者（住職など）に提出してください。埋葬許可証を失くした場合や、分骨をしたい場合には、許可証の再発行を申請する必要があります。

■ 火葬許可申請書記載例

照合	担任	係長	課長

㊟ 体

死体埋火葬許可申請書

平成 **30** 年 **5** 月 **2** 日

（あて先）　**京都市**　長

本　籍　　**京都市中京区ひかり町1丁目1**　番地　番号

住　所　　**京都市中京区ひかり町1丁目1**　番地

死亡者との続柄　**妻**　　申請人　**ひかり 花子**　㊞

明・大・㊐　**26** 年　**5** 月　**4** 日生

次のとおり申請します。

本　籍	**京都市中京区ひかり町1丁目1** 番地
住　所	**京都市中京区ひかり町1丁目1** 番号／番地
死亡者氏名	**ひかり 太郎** 　明・㊐・大・平　**25**年　**4**月　**3**日生
性　別	㊚　　女
死　因	「一類感染症等」　㊛「その他」
死亡の年月日時	平成 **30** 年 **5** 月 **1** 日 午㊝／後 **5** 時 **10** 分
死亡の場所	**京都市上京区こだま町2丁目2番地　京都こだま病院**
埋葬又は火葬の場所	**京都市火葬場**

（書式は川崎市のもの）

第2編　第1章　社長が亡くなった直後に行う手続き

083

改葬する場合の手続き

現在のお墓から、別のお墓に移すことを「改葬」といいます。跡継ぎがいない、あるいはお墓の場所が離れているため親族に負担をかけたくない、といった理由で改葬をする方が増えています。

改葬の際、第一に考えなければならないのが、跡継ぎの有無です。跡継ぎがいない場合は累代墓をなくし、遺骨を永代供養墓に移すことになります。

また、改葬後のお墓のスタイルは、墓石を建てる方法のほか納骨堂や樹木葬を選択する方も増えています。改葬の際は、自分の埋葬法を含めて新しいお墓選びをしましょう。

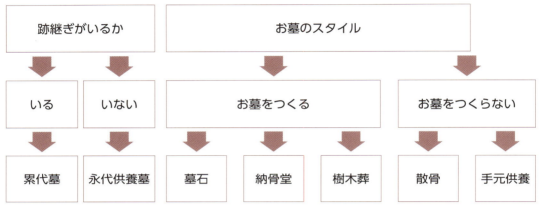

改葬する場合は、新旧の墓地管理者との交渉や手続きだけではなく、市区町村役場への申請と許可が必要です。近年話題となっている「墓じまい」も改葬のひとつですので、次に一般的な手続きの流れを確認しておきます。

①	受入証明書（使用許可証）の交付	まず新しい墓地を確保し、その墓地の管理者から受入証明書（永代使用許可証）を発行してもらいます。
②	改葬許可申請書の準備	次に現在のお墓のある市区町村役場で改葬許可申請書を入手します。現在のお墓の管理者の理解を得て、「埋葬証明書」を発行してもらいます。
③	改葬許可書の交付	現在のお墓のある市区町村役場に改葬の申請を行います。改葬許可申請書に必要事項を記入し、必要な添付資料とともに提出し「改葬許可書」を交付してもらいます。
④	改葬許可書の提出	改葬許可書を新しい墓地の管理者に提出します。これで手続きは完了です。新しい墓地への納骨を行いましょう。

改葬にあたっては、市区町村役場での手続きだけではなく、現在のお墓の管理者や親族への説明も大切です。事前に改葬の理由などを説明し、また先祖代々のお墓を改葬する場合には、親族の理解を得て円滑に進めるようにしましょう。

4. 葬儀・法要の手続き

> 亡くなった社長を安らかに見送るためにも、あらかじめ葬儀から法要までの流れを把握し、故人の意思を確認しておくことで、悔いのない葬儀にしましょう。

葬儀は故人を偲び、残された者の悲しみを受け止め、故人を見送る重要な儀式です。しかし、通夜までには短期間で決めることが多々あります。最低限の流れをおさえ、事前に確認すべき事項を把握しておけば、突然の訃報にも迅速に対処できるでしょう。

特に以下については、「葬儀の時に大変だった」といわれる項目ですので、あらかじめエンディングノートなどに記録しておくと、いざというときにスムーズに事が運びます。

① 参列者の人数を把握しておく
② 遺影写真を決めておく
③ 宗教・宗派・家紋などを把握しておく
④ 葬儀社を選定しておく

ご臨終から葬儀までの主な流れ

最近では様々な葬儀が行われていますが、ここでは一般的に行われている仏式の流れを紹介します。宗教や宗派により異なりますので、目安としてご活用ください。

①ご臨終	・近親者や親しい友人などに連絡 ・医師から死亡診断書を受け取る ・宗派により異なりますが、菩提寺などに連絡 ・葬儀社を検討する（トラブル回避のためにも慎重に）
②安 置	・葬儀社に遺体の搬送を依頼（病院が提携する葬儀社もありますが、個別に依頼をしても問題ありません） ・遺体安置場所の決定（自宅、葬儀社など）
③葬儀社と打合せ	・喪主、遺影写真、葬儀社を決定 ・葬儀の日程、場所、形式、規模、費用、香典返しなどを決定 ・死亡届、死亡診断書、火葬許可申請書を役所へ提出 ・通夜、葬儀の日時や場所を関係者へ通知
④納 棺	・旅立ちの衣装に着替え、死化粧の準備 ・納棺
⑤通 夜	・葬儀場に宿泊施設がある場合は一晩ともに過ごすこともある ・半日で終わる半通夜や、2日かけて行う場合もある

⑥葬儀・告別式	・僧侶による読経後、参列者が焼香を行う ・喪主の挨拶を最後に告別式を終え、出棺
⑦火葬	・役場から受け取った火葬（埋葬）許可証を提出、火葬 ・骨上げ、遺骨と火葬（埋葬）許可証の受取り、保管
⑧還骨法要・精進落とし	・火葬終了後、自宅もしくは葬儀場に戻り還骨法要を行う ・僧侶やお世話になった方を招待して精進落としを行い、葬儀当日の儀式が終了

法要の主な流れ

　法要とは故人に対する供養を行うことで、仏式・神式・キリスト教式に大別されます。仏式はさらに宗派によって異なりますが、供養という意味では変わりありません。

　また、神式・キリスト教式に関しても供養するという意味合いにおいては同じです。
　葬儀に引き続き、法要に関しても一般的な仏式について紹介しておきます。

①初七日（7日目）	・故人が亡くなられてから7日目に行う法要で、親族を集めて会食などを行います。最近では葬儀当日に済ませるケースも増えています。 ・初七日は三途の川のほとりに到着する日ともいわれています。
②二七日（14日目）	・仏教では、死者はあの世で7日ごとに7回、生前の罪の裁きを受けると考えられています。三七日など、7日おきに法要日があります。
③七七日（49日目）	・あの世で7回目の審判が終わると、ようやく故人の魂が成仏します。 ・「忌明け（きあけ）」といい、喪に服していた遺族も日常生活に戻る、始まりを意味する日でもあります。 ・近親者を招き、寺や自宅などで読経後、会食を行います。
④新盆（初盆）	・忌明け以降、最初に迎えるお盆のこと。故人にとって初めての里帰りとなるため、普段のお盆とは異なり僧侶や知人を招き、盛大に供養します。
⑤百か日（100日目）	・「卒哭忌（そっこくき）」ともいわれ、悲しみにくれることをやめる日といわれています。 ・自宅に僧侶を招き、仏前にて読経を行うことが一般的です。
⑥一周忌（ご臨終の日より1年目）	・年忌法要の1回目。亡くなって1年目を「一周忌」とし、百か日法要以後は年に一度、故人と縁のあった方を招いて行います。
⑦三回忌〜三十二回忌	・七回忌以降は徐々に規模を小さくして年忌法要を行います。
⑧三十三回忌	・一般的に、最終年忌を表わす「弔い上げ（とむらいあげ）」とも呼ばれ、この法要以降、故人はご先祖様として祀られます。 ・地域によっては三十三回忌以降も法要を行うケースもあるようです。

COLUMN いまどきの葬儀事情

　少子高齢化社会の昨今、残された家族の事情も様々です。最近は各家庭の事情にあった葬儀、あるいは故人の生前の意思を尊重した葬儀として、葬儀の形態も多様化しています。

形態例	内容	こんな時にこの葬儀
家族葬	家族、親族を中心に行う小規模な葬儀	・身内だけでゆっくり行いたい ・儀礼的な堅苦しい葬儀は避けたい
リビング葬	家族葬をリビングで行う葬儀	・ゆったり寛ぎながら故人と過ごしたい
一日葬	通夜を省略し、1日で葬儀・告別式・火葬を行う葬儀	・遺族が高齢なため、精神的・体力的に負担がかからないようにしたい ・遠方からの参列者が宿泊しなくてすむ
直葬	通夜、告別式などを行わずに火葬を行う最もシンプルな葬儀	・故人の強い希望を尊重したい ・高齢で会葬者が少ないため
密葬＋お別れの会	葬儀・告別式は身内で行い、後日、関係者をホテルなどに招き本葬を行う	・会社役員・従業員のための社葬として ・著名な方のお別れの会など　お別れの会 P.8

5. 新しい世帯主を決める手続き

> 世帯主である社長が亡くなったとき、残された世帯員（住民票に一緒に記載されている人）が2人以上いる場合は、新しい世帯主を決める必要があります。

世帯主の変更届出は死亡届と同時に提出

　亡くなった社長が3人以上の同居家族がいる世帯の世帯主であった場合、新たに世帯主を決めて亡くなった日から14日以内に「世帯主の変更届出」を提出しなければなりません。忘れないように、死亡届と同時に提出しておくのがよいでしょう。

世帯主の変更届出が不要のケース

　たとえば、夫婦2人だけの世帯ですと、残された配偶者が必然的に世帯主となりますから変更届出は不要です。同様に、15歳未満の子とその親権者の2人だけの世帯の場合も、15歳未満の子どもは世帯主になれないことから、新たな世帯主は明白ですので変更届出は不要です。これらの場合は、死亡届の提出だけで世帯主も変更されることになります。

市区町村によって様式が異なる

　この変更届出は、市区町村によって「世帯主変更届」や「住民異動届」など書式の名称や体裁が異なりますので注意してください。

提出先	故人の住所地の市区町村の役場窓口
届出人	新しい世帯主、同一世帯員（代理人提出可）
期　限	死後14日以内
必要なもの	届出人の身分証明書（免許証、マイナンバーカードなど）、印鑑（認印可）、委任状（代理人提出の場合）
手数料	かかりません
備　考	死亡届と同時に提出するのが望ましいでしょう

■ 住民異動届（世帯主変更届）記載例

（書式は京都市のもの）

COLUMN 世帯主と筆頭者は違う

　ここでいう世帯主とは、住民票上での代表者であり、戸籍上の筆頭者とは異なります。戸籍は、筆頭者が亡くなった後もそのままで変更されません。

　一方、住民票の世帯主はその世帯（家族）を代表し、生計を維持している人のことですから、転居や死亡といった理由で世帯主は変更されます。確かに、筆頭者も世帯主もどちらもその家族を代表する人という意味合いですが、筆頭者は戸籍という名簿上の代表者、世帯主は市区町村が実際の連絡先として定めているという点で役割が異なります。そのため、筆頭者＝世帯主とならないことも珍しくはありません。

第1章

6. 被扶養者の国民健康保険など

> 社長が亡くなったことにより、社長の被扶養者であった家族は新たに国民健康保険と国民年金の手続きが必要になる場合があります。

被保険者資格の喪失

社長が亡くなりますと当然に健康保険・厚生年金の被保険者資格を喪失しますから、社長の被扶養者であった者は新たに国民健康保険に加入するか、健康保険に加入している別の家族（子や兄弟姉妹など）の被扶養者になる手続きが必要となります。

■ 国民健康保険に加入する場合

手続時期	社長の死亡から14日以内
手続場所	住所地の市区町村の窓口
持参するもの	①資格喪失証明書（会社で発行してもらう） ②本人確認書類（免許証、パスポートなど） 　＊マイナンバーカード（顔写真付き）を持参する場合は不要 ③マイナンバーカード（個人番号カード）または通知カード

■ 別の被保険者である家族の被扶養者となる場合

手続時期	社長の死亡から5日以内
必要なもの	①収入要件確認のための書類 ②戸籍謄本または住民票の写し 　＊被保険者と別姓の場合や、被扶養者として認定されるのに同居が要件となっている場合
提出先	別の被保険者である家族を経由して、その家族の加入している健康保険の事業主

社長に配偶者（国民年金第3号被保険者）がいる場合

社長の配偶者が20歳以上60歳未満の被扶養者（国民年金第3号被保険者）であった場合、第1号被保険者への種別変更の手続きが必要となります。

手続時期	社長の死亡から14日以内
手続場所	住所地の市区町村の窓口
持参するもの	①資格喪失証明書（会社で発行してもらう） ②年金手帳 ③印鑑（認印で可）

■ 国民健康保険被保険者資格取得届記載例

国民健康保険被保険者資格取得届　　**取得**

国保番号　　　　　通知書番号

加入区分　新規・一般・退職／追加・擬制・本・扶　　適用開始年月日　平成 30年 5月 2日

届出日　平成 30年 5月 10日

住所	京都市中京区ひかり町1-1	世帯主氏名	ひかり 花子 ㊞

個人番号 1234 5678 9012　TEL 075-123-4567　生年月日 （明・大・昭・平）26年 5月 4日

	世帯員の氏名	性別	生年月日	続柄	個人番号	適用開始の理由
1	ヒカリ ハナコ ひかり 花子	男・**女**	明大**昭**平 26・5・4	本人	1234 5678 9012	1. 社会保険離脱
2	ヒカリ ノゾミ ひかり 望	男・**女**	明大**昭**平 56・6・6	長女	3234 5678 9012	2. 社保任継資格喪失
3		男・女	明大昭平　・　・			3. 生活保護廃止（　年　月　日）
4		男・女	明大昭平　・　・			4. 永住許可
5		男・女	明大昭平　・　・			5. 職権復活
6		男・女	明大昭平　・　・			6. その他

健保等の離脱証明書

事業所の所在地　　　　　資格喪失年月日
事業所の名称　　　　　　保険証記号番号
平成　年　月　日　　　　上記の通り証明致します。
　　　　　　　　　　　　事業所名　　　　　㊞

※以下保険課記入欄

受付	電算処理	被保険者証発行	被保険者証訂正	現年度異動	過年度異動
	平成　年　月　日				

本人確認資料
マ・免・住・パ・他
（　　　　　）
（本人・家族・代理人）
番号：
確認者

（書式は奈良県五條市のもの）

第1章

7. 後期高齢者医療制度の資格喪失

社長が亡くなった時に満75歳以上であった場合、後期高齢者医療制度の資格喪失手続きが必要になります。

亡くなった社長が満75歳以上の場合の注意点

社長が満75歳以上で後期高齢者医療制度の被保険者であった場合、死亡により資格を喪失することになります。後期高齢者医療制度を運営しているのは都道府県ですが、窓口は市町村役場になりますので、下記の要領で手続きをしましょう。

手続方法	保険証の返却（資格喪失届が必要な都道府県もあります）
提出時期	死亡後14日以内
提出先	住所地の市区町村役場
必要なもの	①保険証　②印鑑

■ 後期高齢者医療被保険者資格の取得（変更・喪失）届書記載例

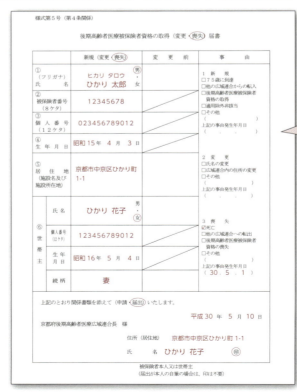

ここでの記載例は、ひかり太郎78歳、花子77歳であったものとして作成しています。

（書式は滋賀県後期高齢者医療広域連合のもの）

都道府県によって金額は異なりますが、喪主や葬儀を行った人に対して葬祭費が支給されます。下記の要領で請求の手続きをしましょう。

手続時期	保険証の返却と同時（請求の時効は2年間ですが手続忘れを防ぐため）
請求先	住所地の市区町村役場
必要なもの	①後期高齢者医療葬祭費支給申請書 ②葬儀の際の領収書または会葬お礼のはがき ③印鑑 ④通帳

■ 後期高齢者医療葬祭費支給申請書記載例

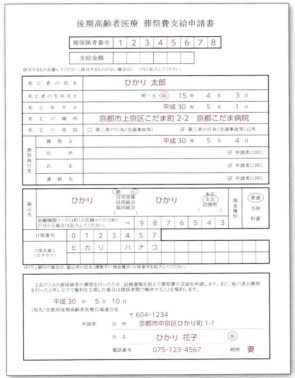

（書式は京都府後期高齢者医療広域連合のもの）

第1章

8. 国民健康保険の資格喪失手続き

社長と呼ばれていても個人事業主として国民健康保険に加入していて亡くなった場合には、国民健康保険の資格喪失手続きを行うとともに、健康保険証を返却する必要があります。

資格喪失の手続き

亡くなった方が社長という呼称はともかく、実は個人事業主で、国民健康保険の被保険者であった場合、その死亡によって国民健康保険の資格を喪失することになります。したがって、死亡後14日以内に、住所地の市区町村役場へ必要書類を持参し、窓口で資格喪失届を記入します。また、故人が世帯主であった場合、市区町村によっては被保険者全員の国民健康保険証の書換手続も併せて必要となります。くわしくは、住所地の市区町村役場へお問い合わせください。

手続きに必要な書類など

必要な書類などは次のとおりです。

- 国民健康保険被保険者証（世帯主の場合は加入者全員の保険証）
- 認印
- 戸籍謄本など、死亡を証明するもの

＊不要の場合もありますので、市区町村役場へお問い合わせください。

葬祭費の請求と受取り

保険証を返却をする際に併せて行いたいのが葬祭費の請求です。国民健康保険の被保険者が亡くなった場合、喪主に対して葬祭費が支給されます（市区町村によって支給額は異なります）。

葬祭費を受け取るには、国民健康保険葬祭費支給申請書や、死亡の事実が確認できる書類（埋・火葬証明書など）、葬祭費用の領収書、申請者の印鑑、通帳、身分証明書などが必要となります。

葬祭費の請求は葬儀の翌日から2年間可能ですが、手続き忘れを防ぐためにも、保険証返却の手続きと同時に行っておくことをおすすめします。

■ 国民健康保険葬祭費支給申請書記載例

国民健康保険葬祭費支給申請書

受付番号 _____

（提出先）　京都市長

次のとおり葬祭費の支給を申請します。資格の認定に必要な公簿を閲覧されることに異議はありません。

※以下、太線の枠内のみ記入してください。

申請者	申請日　平成30年5月10日
〒　-　住所　京都市　中京　区　ひかり町1-1	
（フリガナ）　ヒカリ　ハナコ 氏名印　ひかり　花子　㊞　　電話番号　075 - 123 - 4567	

死亡した被保険者氏名　ひかり　太郎　（昭）平25年4月3日生	左記被保険者の死亡した日　平成30年5月1日
個人番号　0234 5678 9012	
被保険者証　記号（京国××）番号（××××××）	上記申請者が葬祭を行った日　平成30年5月4日
申請者との続柄　夫	

処理欄／受付／資格確認

※個人番号は、国民健康保険に加入後3か月以内に死亡した場合等に記入してください。

支給決定欄	支給方法	死体火葬（埋葬）許可証	係長／担当者確認印
□ 50,000円支給 □ 不支給	□ 口座振替 □ 区役所銀行派出所の窓口払	交付　市区町村　第　号 その他	

左記のとおり決定し、申請者あて通知します。

決裁欄：課長／課長代理／係長／係員

上記葬祭費の支払については、次の私名義の預金口座に口座振替されるよう依頼します。

振込先金融機関名	預金種目	口座番号（右詰めでご記入ください）
ひかり　銀行／信用金庫／信用組合　　京都　支店	☑普通預金　□当座預金 □貯蓄預金	0 1 2 3 4 5 7
金融機関コード〔9876〕　店番号〔543〕	（フリガナ）ヒカリ　ハナコ 口座名義　ひかり　花子	

※口座振替を選択しない方のみ領収時に記入してください。

葬祭費領収書

受付番号 _____　領収日　平成　年　月　日

様	
住所　京都市　　区	
受取人　氏名印	○

次のとおり受け取りました。金　　　　円　ただし、被保険者　　　　に係る葬祭費

（給 702）

（書式は大阪市のもの）

> ※記載例は、ひかり太郎が個人事業主として国民健康保険に加入していたものとして作成しています。

第 2 章 落ち着いたら行う手続き

1. 公共料金などの支払方法の変更

> 亡くなった社長が契約者になっている公共料金などの引落しについては、引落口座の変更手続きを進めましょう。

公共料金などの相続手続き

　公共料金（電話・電気・上下水道・ガス・ＮＨＫ）や携帯電話料金など毎月引き落とされる様々な支払いは、本人の死亡によって銀行口座が凍結されると、自動引落しができず、支払いが滞ることになります。

　契約者が死亡した場合には、各公共料金の契約者変更と支払口座の変更手続きをしなければなりません。

　引落口座の変更が完了するまでの間、電気や水道が止まってしまうのではないかと不安に思われる方がおられるかもしれませんが、料金が引落しできない場合は、コンビニなどで支払いのできる請求書・振込用紙が届きますので、それで支払えば問題ありません。

　ただし、口座振替先の変更には、１〜２か月ほどかかる場合が多いですので、早めの手続きをおすすめします。

引落口座の変更手続き

(1)請求書・領収書に記載の連絡先に連絡

　公共料金については、毎月、請求書・領収書が届いているはずです。それらに連絡先が記載されていますので、契約者が死亡した旨を連絡し、契約者変更・口座振替先変更の手続書類を送ってもらいます。

(2)所定用紙に記入し必要書類を提出
【変更手続きの必要書類】
　①各公共料金の請求書・領収書
　②新契約者の通帳、銀行届出印

　１つの預金口座からの引落しを希望する場合、電話・電気・上下水道・ガス・ＮＨＫの口座振替変更が一括でできる「公共料金預金口座振替依頼書」を用意している金融機関もあります。

■ 公共料金預金口座振替依頼書記載例

公共料金預金口座振替依頼書

株式会社ひかり銀行　御中

私が支払うべき次の公共料金等を、収納機関の指定する日に私名義の下記預金口座から口座振替の方法により、約定を確約のうえ、依頼します。

			お申込日	平成 30 年 5 月 31 日	
預金口座	（フリガナ）	ヒカリ　ハナコ			
	おなまえ	ひかり　花子			
	ひかり銀行	京都 支店/出張所	預金種類 ①普通 2.当座	口座番号 0 1 2 3 4 5 7	

> 金融機関届出印を押印します。

お届け印：ひかり花子

ご契約者	おところ	〒604-1234　電話番号 075（123）4567 京都市中京区ひかり町1-1	
	（フリガナ）	ヒカリ　ハナコ	
	おなまえ	ひかり　花子	

NHK	お申込み欄	収納機関	お客様番号	お支払いコース
	○	NHK	×××××××	2か月払い / 6か月前払 / ⑫か月前払

電気	お申込み欄	収納機関	お客様番号
	○	関西電力	×××××××

電話	お申込み欄	収納機関	電話番号
	○	NTT	075-123-4567

ガス	お申込み欄	収納機関	お客様番号
	○	大阪ガス	×××××××

水道	お申込み欄	収納機関	お客様番号（水道番号）
	○	京都上下水道局	×××××××

> お客様番号は、領収書、請求書、お知らせなどから確認してご記入ください。

2. 免許証やカードなどの返却

亡くなった社長が所有していた免許証やクレジットカードなどについても、返納・返却の手続きを進めましょう。

運転免許証の返納

運転免許は戸籍や住民登録とは連動していませんので、死亡届を提出しても、その結果が運転免許の効力に反映されることはありません。したがって、そのままにしておくと亡くなった社長宛に更新連絡書が届くことになります。当然のことながら更新はできませんから、結局は更新期限の経過とともに失効するだけのことですが、そうした手間をかけないように自主的に返納するようにしたいものです。

手続きは、最寄りの警察署の窓口で「運転免許証返納届」に必要事項を記入し、下記書類などを提示して行います。

■ 返納時の必要書類など

- ・被相続人の運転免許証
- ・死亡診断書または死亡記載のある戸籍謄本
- ・届出人の身分証明書（運転免許証やパスポートなど）
- ・届出人の認印

なお、故人の形見として手元に置いておきたい場合は、その旨を窓口に伝えれば、運転免許証に穴をあけ「無効」という印が裏面に押された状態で返してもらえます。

クレジットカードの退会手続き

亡くなった社長がクレジットカードを持っていた場合には、退会手続きが必要となります。未払残高があればその支払いも必要となります。

退会の手続きは、電話で解約できる場合と必要書類を郵送しなければならない場合があります。

必要書類を郵送しないと退会できないクレジットカードの場合は、その会社所定の申請用紙を送ってもらって必要事項を記入し、添付書類を付けて返送して、退会手続きを行います。なお、ETCカードや家族カードも同時解約となりますので注意してください。

■ 退会手続きの必要書類など

・カード会社所定の届出用紙
・クレジットカード
・死亡記載の戸籍謄本または住民票除票

■ 運転免許証返納届記載例

運 転 免 許 証 返 納 届

平成 30 年 5 月 31 日

京都府　公安委員会殿

届出者　住　所　京都府京都市中京区ひかり町1-1
　　　　氏　名　ひかり　花子

> 届出者の住所・氏名を記入します。

現に受けている免許

交付公安委員会名	京都府公安委員会
免 許 証 番 号	第　6168123×××××　号
交 付 年 月 日	平成26 年　4 月　4 日
有 効 期 限	平成31 年　5 月　4 日
免許年月日 第一種免許 自二・原付	年　　月　　日
免許年月日 第一種免許 その他	昭和43 年　10 月　1 日
第二種免許	年　　月　　日
仮 免 許	年　　月　　日
免 許 の 種 類	大型　㊥普通　大特　自二　小特　原付　けん引　大型二　普通二　大特二　けん引二　軽
免 許 の 条 件	眼鏡等
返 納 の 理 由	平成30年5月1日死亡のため

> 亡くなった人の運転免許証の情報を基に記入します。

備考　1．用紙の大きさは日本工業規格B5とする。
　　　2．「免許の種類」欄は、現に受けている免許を○でかこむこと。

第2編
第2章　落ち着いたら行う手続き

第2章

3. 所得税の準確定申告

> 亡くなった社長が生前に確定申告をしていた場合は準確定申告の要否を確認し、申告が必要なときは4か月以内に申告しましょう。

確定申告をしなければならない人が年の中途で亡くなった場合には、相続人は、1月1日から亡くなった日までの所得税の申告と納税をしなければならず、これを準確定申告といいます。

また、確定申告をしなければならない人が1月1日から3月15日までの間に前年分の確定申告書を提出しないで亡くなった場合には、前年分の準確定申告も併せてしなければなりません。

仮に準確定申告をする必要のない場合であっても、生命保険料控除や医療費控除などで還付を受けられるときは準確定申告をすることで還付を受けます。

申告・納税義務者	相続人	相続人が2人以上の場合には次ページにある付表を作成し、次のいずれかにより申告します。 ①各相続人の連署により申告（記載例の方法） ②各相続人が別々に申告 　他の相続人の氏名を付記し、申告した内容を他の相続人に通知しなければなりません。
申告期限		相続の開始があったことを知った日の翌日から4か月以内 （還付申告の場合は同5年以内）
提出先		被相続人が亡くなったときの住所地の所轄税務署

社会保険料控除などの物的控除、配偶者控除などの人的控除の取扱い、ならびにその他留意が必要なケースは次のとおりです。

所得控除の種類	取扱い
社会保険料、生命保険料、地震保険料控除など	亡くなった日までに被相続人が支払った保険料などの額
医療費控除	亡くなった日までに被相続人が支払った医療費の額 （亡くなった後に相続人が支払ったものは対象外）
寄附金控除（例：ふるさと納税）	亡くなった日までに被相続人が支出した寄附金の額
配偶者控除や扶養控除など	亡くなった日の現況による

ケース	留意点
事業を行っていた場合で消費税の課税事業者に該当するとき	消費税の確定申告も同時に行う必要があります。

事業所得や不動産所得の確定申告を青色申告でしていたとき	青色申告の事業を承継した相続人は次の日までに青色申告承認申請手続をします。 ① 8月31日までの死亡……4か月以内 ②①の後10月31日までの死亡……12月31日まで ③②の後12月31日までの死亡……翌年2月15日まで
準確定申告により①納税または②還付があるとき	①納付税額は相続財産から差し引かれます。 ②還付税額は相続財産に加算されます。

■ 所得税の準確定申告書の記載例

□共通記載事項：①「準確定」（申告書B）または「準」（申告書A）、②被相続人の住所、⑤被相続人の氏名
□相続人が1人の場合に記載する事項：③相続人の住所、④被相続人の亡くなった日、⑥相続人の氏名、⑦相続人の印鑑、⑧相続人の個人番号

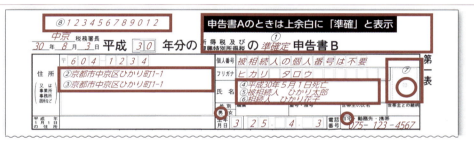

■ 付表記載例（相続人が2人以上の場合に添付）

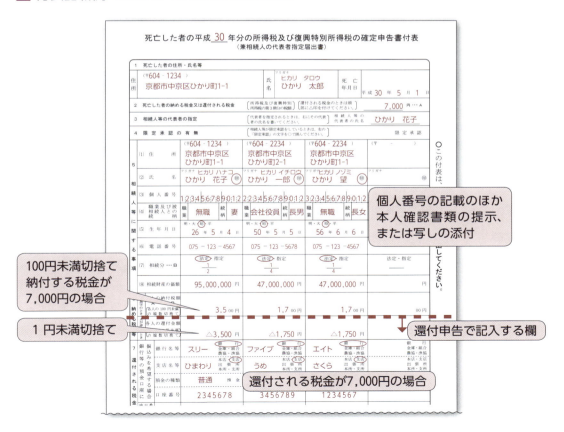

第2章

4. 埋葬料の受給申請手続き

> 亡くなった社長が加入していた健康保険から埋葬料が支給されますので、これを受け取る手続きを進めます。

社長が健康保険に加入していた場合

健康保険の被保険者が業務外の事由により死亡した場合、亡くなった被保険者により生計を維持されていた人（親族や遺族であることは問われません）に、「埋葬料」として5万円が支給されます。

埋葬料は、死亡の事実またはその確認ができれば支給されるものですので、埋葬を行ったことが要件とはされていません。したがって、埋葬の前に請求することもできますし、仮埋葬や葬儀を行わない場合でも支給されます。

埋葬料の請求手続き

埋葬料を請求するにあたって必要な書類は次のとおりです。

■ 埋葬料請求手続きの必要書類

- ・埋葬料支給申請書
- ・死亡記載のある戸籍謄本
- ・亡くなった被保険者と申請者の記載のある住民票
- ・死亡診断書または死体検案書
- ・その他提出を求められたもの

埋葬料を受け取る人がいない場合は、実際に埋葬を行った人に、埋葬料（5万円）の範囲内で、実際に埋葬に要した費用が埋葬費として支給されます。埋葬費は埋葬料とは異なり、実際に埋葬を行った人に支給されるものですので、埋葬を行った後でなければ請求することができません。

なお、「実際に埋葬に要した費用」は、霊柩車代、霊柩運搬代、霊前供物代、火葬料、僧侶の謝礼などが対象となります。

■ 健康保険被保険者・家族埋葬料(費)支給申請書記載例

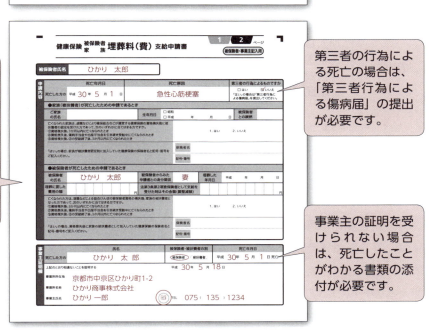

（書式は協会けんぽのもの）

第2章

5. 家族高額療養費の受給

> 社長が亡くなる前に入院や治療に伴う医療費の1か月間の自己負担額が高額になっていた場合、そのうちの一部を健康保険から高額療養費として払戻しを受けることができます。

高額療養費の受給要件

　同一月（1日から月末まで）に医療機関などの窓口で支払った高額療養費の対象となる自己負担額の世帯（社長と同じ健康保険の被扶養者を含む）の合計が一定の計算方法で求められる自己負担限度額を超えた場合に、その超えた額が高額療養費として支給されます。

手続方法	高額療養費支給申請書を提出します。
提出時期	診療月の翌月の1日から2年以内に請求をします。
提出先	加入していた健康保険制度により、申請先は異なります。 ①全国健康保険協会→各都道府県支部 ②各健康保険組合→その健康保険組合 ③国民健康保険・後期高齢者医療制度→住所地の市区町村役場

＊差額ベッド代、食事代などの保険適用外の負担額は高額療養費の対象になりません。

高額療養費と高額医療・高額介護合算療養費

　高額療養費とは異なる制度で高額医療・高額介護合算療養費制度というものがあります。これは、世帯内の同一の健康保険の加入者の方について、毎年8月から1年間にかかった医療保険と介護保険の自己負担を合計し、基準額を超えた場合に、その超えた金額を支給する制度です。高額療養費制度が「月」単位で負担を軽減するのに対し、高額医療・高額介護合算療養費制度は、こうした「月」単位での負担軽減があってもなお重い負担が残る場合に、「年」単位でそれらの負担を軽減する制度です。詳細は、加入している健康保険に問い合わせてください。

■ 健康保険高額療養費支給申請書記載例

(書式は協会けんぽのもの)

・対象の月が複数あるときは、月ごとに作成する。
・相続人が「申請者」として申請する。

❶❷被保険者情報
・被保険者証の記号・番号は、「社長」の被保険者証の情報を記入
・氏名、住所は、「相続人」の情報を記入
・生年月日は、「社長」の生年月日を記入

❸振込先口座
・「相続人」の口座情報を記入

❹❺❻
・医療費の明細を区分ごとに記入

第3章 遺族年金などの手続き

1. 未支給年金の請求と受給停止

> 年金を受給中の社長が亡くなった場合、遺族は未支給年金の請求を行うことができます。

未支給年金の請求

　年金を受給中の社長が亡くなった場合、その受給権は失効しますが、その権利が消滅した（死亡した）月まで年金は支給されます。まだ、請求や受給していない年金がある場合、遺族が未支給の年金を請求することができます。

　死亡した月までの未支給年金は原則として次の最初の偶数月が支払月となります。この未支給年金は、配偶者・子・父母・孫・祖父母・兄弟姉妹またはそれ以外の3親等内の親族であって、亡くなった社長と生計を同じくしていた遺族が支給を請求することができます。

　その際に提出する「未支給年金請求書」と「年金受給権者死亡届（報告書）」は複写式になっているため、今後の年金受給廃止の手続きと同時に行うことが可能です。

手続きの方法

　「未支給年金請求書」および「年金受給権者死亡届（報告書）」に記入のうえ、必要書類を添えて最寄りの年金事務所または近くの年金相談センターへ提出します。

　なお、亡くなった社長が共済組合から年金を支給されていた場合は、その支払先に提出します。

【必要書類】
☐ 亡くなった社長の年金証書
☐ 亡くなった社長の除籍謄本・除票
☐ 請求者の戸籍謄本、住民票
☐ 死亡診断書（死体検案書）の写し
☐ 受取人名義の預金通帳（写し可）
☐ 生計同一関係に関する申立書（別居の遺族が請求する場合）

■ 未支給年金請求書・年金受給権者死亡届(報告書)記載例

【ポイント】
(1) 未支給年金を受給できる順位は以下のとおりです。
　①配偶者　②子　③父母
　④孫　⑤祖父母　⑥兄弟姉妹　⑦それ以外の3親等内の親族
(2) ご自身より先順位者がいる場合は、未支給年金を受給することができません。
(3) 同順位者が2名以上の場合は、そのうち1名が代表して請求します。

※記載例はひかり太郎が個人事業主として国民健康保険に加入していたものとして作成しています。

(書式は大阪市のもの)

2. 遺族基礎年金の請求手続き

> 社長が亡くなったときに、社長に生計を維持されていた一定の要件を満たす配偶者または子に遺族基礎年金が支給されます。

遺族基礎年金の受給要件

亡くなった社長が次のいずれかの受給要件を満たしている場合に、遺族基礎年金が支給されます。
①国民年金の被保険者であった者で、日本国内に住所を有し、かつ60歳以上65歳未満であったこと
②老齢基礎年金を受給できる受給資格期間（保険料納付済期間や保険料免除期間）が10年以上で年齢が65歳以上であること
③受給資格期間（保険料納付済期間や保険料免除期間）が10年以上ある（＝老齢基礎年金の受給資格期間を満たしている）こと

なお、①の要件に該当する場合は、併せて次の「保険料納付要件」を満たす必要があります。

【保険料納付要件】
・死亡日の前日において、死亡日の属する月の前々月までに被保険者期間があり、その被保険者期間のうち、保険料納付済期間と保険料免除期間を合算した期間がその被保険者期間の2/3以上であること
・死亡日が平成38年4月1日前であるときは、死亡日の属する月の前々月までの1年間に保険料を滞納した期間がないこと（死亡日において65歳未満である場合に限ります）

受給できる遺族の要件

遺族基礎年金を受給することができる遺族は、死亡当時社長によって生計を維持されていた配偶者または子で、次の要件を満たしている方です。
①配偶者の要件
ただし、配偶者は②の要件を満たす子と生計を同じくしている必要があります。

②子の要件
子の場合は、下記のいずれかに該当し、かつ、現に結婚していないことが必要です。
（ⅰ）年齢が18歳に達した日以後、最初の3月31日までの間であること
（ⅱ）20歳未満で障害等級に該当する障害の状態にあること

手続きの方法

　資格期間が国民年金のみの場合は、年金請求書と必要書類を市区町村役場もしくは最寄りの年金事務所に提出して請求手続きを行います。

　遺族厚生年金の受給要件も満たしている場合は、最寄りの年金事務所または年金相談センターに提出します。遺族基礎年金と遺族厚生年金は1つの請求書で同時に請求手続きを行うことが可能です。

　なお、遺族基礎年金の受給により支給事由が異なる2つ以上の公的年金を受給できるようになった場合は、いずれか1つの年金を選択する必要があるため、「年金受給選択申出書」も提出します。ただし、遺族基礎年金と遺族厚生年金は併給が可能です。

COLUMN　遺族基礎年金と遺族厚生年金の併給

　通常は自営業などで国民年金のみに加入されていた方が要件を満たすと老齢基礎年金が支給され、厚生年金保険に加入していた社長やサラリーマンが要件を満たすと老齢基礎年金に加え、老齢厚生年金が支給されることになるのですが、では厚生年金保険に加入していた方が死亡した場合、遺族基礎年金と遺族厚生年金を必ずセットで支給されるのかというとそうではありません。

　遺族厚生年金は、死亡した人によって生計を維持されていた方に支給されるのですが、遺族基礎年金は、死亡した人によって生計を維持されていた子が「18歳に達した日以後の最初の3月31日までの間にあるか、20歳未満で障害等級に該当する障害の状態にある」場合に支給されます。つまり、要件を満たす子がいない場合には、遺族厚生年金は支給されても、遺族基礎年金は支給されません。また、要件を満たした場合、死亡した方の配偶者が子と生計を同一にする場合は、遺族基礎年金は配偶者に支給されます。配偶者と子が生計を同一にしていない場合は、遺族基礎年金は子に支給されます。

第3章

3. 遺族厚生年金の請求手続き

> 受給要件を満たした社長が亡くなった場合、社長に生計を維持されていた遺族に対して遺族厚生年金が支給されます。

遺族厚生年金の受給要件

社長が亡くなった時点ですでに老齢厚生年金を受給していたか、あるいは厚生年金保険の被保険者であり、次のいずれかの要件を満たしていた場合、遺族厚生年金が支給されます。

①厚生年金保険の被保険者期間中の病気やケガがもとで、初診日から5年以内に亡くなったとき

②老齢厚生年金の受給資格期間が25年以上ある方が亡くなったとき

③1級・2級の障害厚生年金を受けている方が亡くなったとき

なお、①または②の要件に該当する場合は、前項で説明した「保険料納付要件」を満たす必要があります。

手続きの方法

提出書類	年金請求書（国民年金・厚生年金遺族給付）
提出時期	亡くなってから5年以内
提出先	最寄りの年金事務所、または近くの年金相談センター
提出方法	郵送、窓口持参
必要になる書類	・社長の年金手帳 ・社長の戸籍謄本（記載事項証明書） 　＊受給権発生日以降で提出日から6か月以内に交付されたもの ・世帯全員の住民票の写し ・社長の住民票の除票 　＊世帯全員の住民票の写しに含まれている場合は不要 ・請求者の収入が確認できる書類 　＊源泉徴収票、課税（非課税）証明書など ・子の収入が確認できる書類 　＊義務教育修了前は不要。高等学校在学中の場合は学生証など ・市区町村長に提出した死亡診断書（死体検案書など）の写し ・請求者本人名義の預金通帳の写し ・印鑑 　＊認印でも可

状況によって必要となる書類	・亡くなった原因が第三者によるものである場合 「第三者行為事故状況届」、交通事故証明または事故が確認できる書類、「確認書」、被害者に被扶養者がいる場合は扶養していたことがわかる書類（源泉徴収票、健康保険証の写し、学生証の写しなど）、損害賠償金の算定額がわかる書類（すでに決定済の場合。示談書など受領額がわかるもの） ・他の公的年金から年金を受けているとき 年金証書、年金加入期間通知書など

■ 年金請求書（国民年金・厚生年金保険遺族給付）記載例

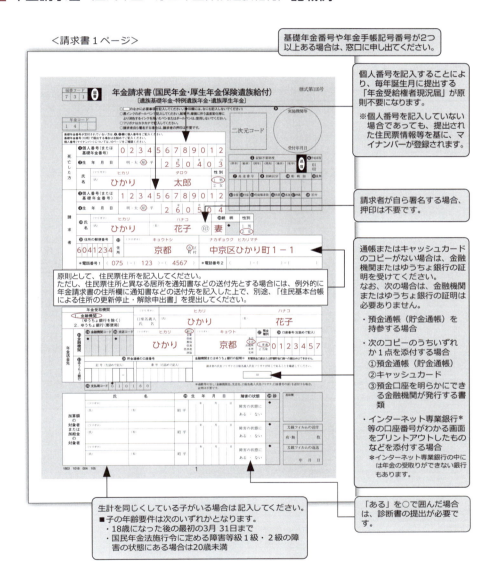

<請求書3ページ>

<請求書5ページ>

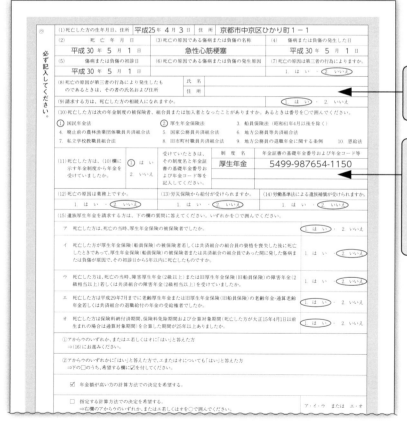

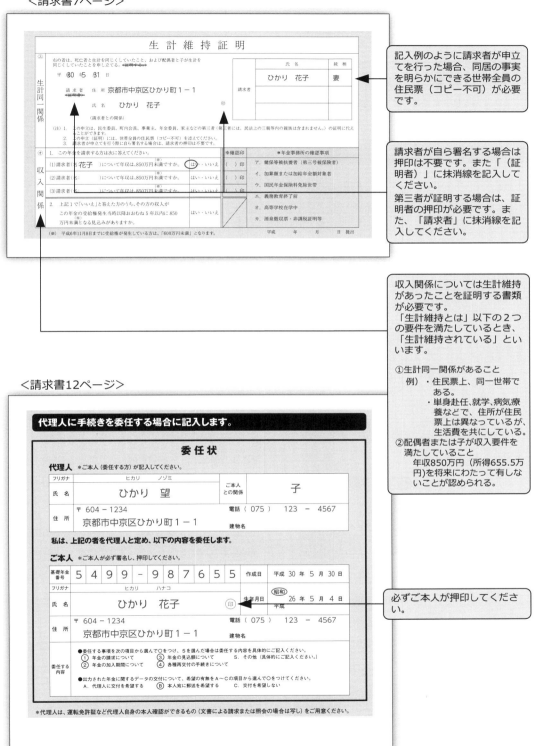

第4章 遺産相続の基本手続き

1. 相続人の調査

相続が発生したら、まずは相続人の調査をします。亡くなった社長の生まれてから亡くなるまでのすべての戸籍をたどっていく必要があります。

相続人を特定するには、亡くなった社長の出生から死亡まで複数の連続した戸籍を取得する必要があります。死亡が記載されている戸籍（除籍）謄本だけでは、相続人を特定することができないからです。

戸籍は、転籍や法改正、婚姻などによりその都度新しく作り直され、その際、すでに抹消された情報は新しい戸籍に転記されることはありません。

そのため、亡くなった社長（被相続人）の一生で作られたすべての戸籍を順番に遡って取得する必要があります。

戸籍の取得方法

では、戸籍はどのように取得していけばよいのでしょうか。

戸籍の取得は、本籍地を管轄する市区町村役場に申請をします。

戸籍の基礎知識 P.130

まずは亡くなった社長の死亡当時の本籍地のある市区町村役場で、死亡が記載されている戸籍から順に遡ることができるところまで出してもらい、転籍している場合には、その前の市区町村役場に請求します。

その役場が遠隔地である場合には、郵送で請求することも可能です。各市区町村役場のホームページには、請求用紙のひな形や請求に必要な書類の記載例が掲載されているので、これらを確認のうえ、所定の金額分の定額小為替（郵便局で購入できます）と返信用封筒を同封して請求します。

役場の窓口に直接赴く場合は、「相続の手続きに使うので、被相続人の記載があるものをすべて出してください」と依頼して、途中で途切れていたり、他の市区町村役場でなければ取得できないものがないか聞いてみるとよいでしょう。

すべてといっても、戦時中の混乱で記録が消失していたり、保存期間の経過による廃棄などで古い除籍謄本などが取得できない場合もあります。その場合は、相続手続きを行う先（金融機関や法務局など）に対応方法を確認してみましょう。相手先によっては、追加もしくは代替の書類での対応が可能な場合もあります。

以上の手続きが煩雑で手間と感じられ、自分で取得するのが難しいようでしたら司法書士に相談してください。

■ 戸籍謄本書式例

■ 戸籍謄本交付申請書記載例

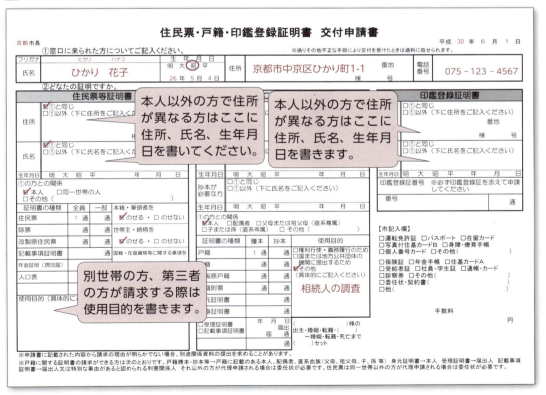

（書式は江南市のもの）

第4章

2. 相続人になるのは誰か

相続が発生した場合、誰が相続人になるのかは民法に規定されています。また、相続の順位についても決められています。

相続人になる順序

相続が発生して、誰が相続人となるかは民法で定められています。その順位は次のとおり定められています。配偶者は常に相続人になりますが、その他の人には順位が決められているため、上位の相続順位の人がいるときは、下位の人には相続権がありません。

順位	相続人
第1順位	配偶者と直系卑属（子や孫）
第2順位	配偶者と直系尊属（両親など）
第3順位	配偶者と兄弟姉妹

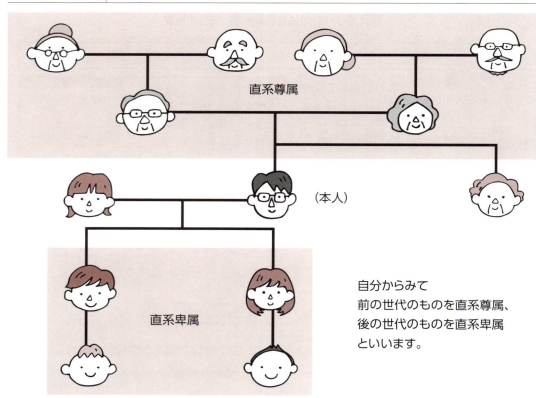

自分からみて
前の世代のものを直系尊属、
後の世代のものを直系卑属
といいます。

子が先に亡くなっていた場合

　前記のように、相続人の順位は民法で決まっていて、それを勝手に変更することはできません。しかし、相続開始以前に、被相続人よりもその相続人が先に死亡していた場合には、その相続人の直系卑属がその相続人に代わって相続することができます。これを代襲相続といい、先に亡くなった人を被代襲者、あとを引き継ぐ人を代襲者といいます。

　被代襲者が子であれば、代襲者として孫（いなければ曾孫）が相続することになりますが（下図①）、被代襲者が兄弟姉妹である場合には、その子（甥、姪）までしか代襲相続することは認められておらず、その孫（甥・姪の子）は代襲相続する権利がないので注意が必要です（下図②）。

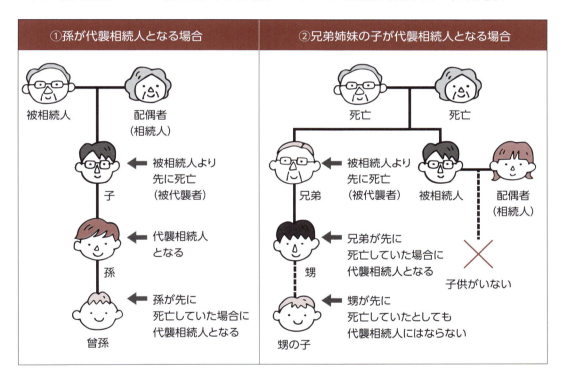

相続人がいない場合

　誰が相続人となるかは上記で説明したとおりですが、では親や子どもあるいは兄弟姉妹といった相続人が誰一人いない場合はどうなるのでしょうか。親戚など近い親族の人や内縁の妻などが候補者になりそうに思いますが、遺言がない限りそのようなことはなく、相続財産の行方については民法の定めるところに従い家庭裁判所によって手続きが行われ、最終的に国庫に帰属します。

　このような場合は、早めに弁護士などに相談してください。

先取り民法（相続関係）改正

相続人以外の親族の貢献への配慮

　「被相続人の介護に最後まで献身的に尽くしたのは長男の嫁であった」という話はよく見聞きします。しかし、息子さんの奥さんは養子縁組をしていない限り通常は相続人ではありませんから、その貢献が遺産分割に反映されることは原則としてありません。しかし、このように相続人ではないとはいえ、相応の貢献をした親族に対しては何らかの手当てをするべきではないかという指摘は従来からありました。

　ところで、民法904条の2の寄与分が認められるためには、被相続人の財産の維持または増加について、文字どおり「特別の寄与」をしたことが必要とされています。そのため、療養看護型の寄与に関しては、相続人以外の者の貢献を考慮すべきだという指摘がある一方で、その「特別の寄与」の内容を推し量るのは難しいのが実情でした。

　しかし、昨今、高齢者に対する療養看護の重要性が増している状況を踏まえて、「特別の寄与」の要件について改めて緩和を検討すべきであるとの声が高まってきました。

　そこで、こうした声に応えるべく、被相続人に対して無償で療養看護その他の労務を提供したことは、それに相当する被相続人の財産の費消を防いだという意味で被相続人の財産の維持または増加に特別の寄与をしたと考え、それに応じた額の金銭（特別寄与料）の支払を請求することができることになります。ただし、それができるのは相続人の親族に限られ、有償の家政婦（夫）さんや付添人などが対象にならないことは当然です。

　なお、特別寄与料の支払について、当事者間の協議が調わないときは、特別寄与者は、家庭裁判所に対して協議に代わる処分を請求することができます。その場合、家庭裁判所は、寄与の時期、方法および程度、相続財産の額その他一切の事情を考慮して、特別寄与料の額を決めることになります。

第4章

3. 相続財産の調査

> 相続人が確定したら、次に相続財産を調べましょう。財産調査をしっかりしておかないと、後日になって遺産分割協議のやり直しや相続税の修正申告を余儀なくされるなど、手間が増えることになります。

　相続に伴う遺産分割や名義変更、相続税を計算するためには、相続財産がどこにあるのか、どれぐらいあるのかを調べる必要があります。

　財産の発見が遅れてしまうと、改めて遺産分割協議をしたり、相続税の修正申告をしなければならないなど手間が増えます。

　自宅の中や郵便物、貸金庫や通帳の動きなどからどのような財産があるのかの手掛りを探してみましょう。

　また、請求書や借用書などは債務になりますので、併せて確認しましょう。

不動産の調査

　不動産を所有している場合、所有者のところに毎年、固定資産税納税通知書が送られてきます。固定資産税の納税通知書を確認すると、末尾に所有する不動産の一覧が記載されていますので、それによって全体像を把握することができます。

　また、名寄帳から調べることもできます。名寄帳では同一市区町村内にある被相続人名義の不動産をすべて確認することができます。不動産が共有の場合、固定資産税の通知書は他の所有者のもとに送られてしまっていて手元にないということもありますが、名寄帳によれば、共有名義のものまで確認することができます。

　社長（被相続人）の所有する不動産がよくわからないという場合には、固定資産税納税通知書や名寄帳から調査することもひとつの方法です。

■ 名寄帳の取得方法

場　所	市区町村役場（東京23区は都税事務所）
取得できる人	所有者本人、相続人など
必要な書類	申請書、戸籍謄本、身分証明書など
手数料	市区町村により異なる

預貯金の調査

　通帳や銀行からのお知らせなどを探してください。または取引していたと思われる銀行に照会をかけてみましょう。

　通帳の入出金の履歴を確認してみると、他の口座や証券会社との取引、借入金の返済などを発見することにもつながります。

株式など有価証券の調査

　証券会社からのお知らせや取引残高報告書が手がかりになります。株式の場合、配当通知書や株主総会のお知らせなども送られてきますから、これも参考にするとよいでしょう。

生命保険契約や損害保険契約などの調査

　契約内容の確認のお知らせや通帳からの保険料の引落しなどが手がかりになります。生命保険料控除証明書や地震保険料控除証明書なども参考にするとよいでしょう。

役員貸付金または役員借入金の調査

　法人税申告書や決算書、勘定科目内訳明細書などが手がかりになります。

　中小企業では、資金繰りなどの理由で社長個人から借入れしているケースが少なくありません。これは社長個人の側からみれば会社に対する貸付金ですから、れっきとした相続財産になります。しかし、長期間返済がなされていないような場合には、その存在自体を失念しがちですので、注意しておきたいところです。

　また、役員借入金とは別に役員貸付金（会社からの借金）がある場合は、債務になりますのでこちらも確認してください。

会員権の調査

　リゾート会員権やゴルフ会員権も立派な相続財産になります。案内パンフレットや年会費の請求書などが届いていないか確認しましょう。

先取り民法（相続関係）改正

相続における配偶者の権利の拡充

　配偶者の一方が亡くなった場合、その遺産である居住用不動産については、他方の配偶者の法定相続分が最低でも2分の1であることから、直ちに他の相続人（たとえば、子）から明渡請求を受けることはありませんが、この居住用不動産をすべて相続するとなると、他の相続人の持分相当額については代償金を用意しなければなりません。そこで、居住用不動産については、最低でも6か月間は無償で使用する権利が認められます。具体例でいいますと、先妻の子らと後妻との間に遺産である居住用不動産をめぐる争いがある場合、少なくとも6か月は後妻の居住権が無償で保障されるというわけです（配偶者短期居住権）。

　一方、配偶者（長期）居住権は、無償の使用および収益権と解されますが、配偶者の具体的相続分の範囲内で取得するものとされています。つまり、配偶者がこの配偶者居住権を取得した場合には、その財産的価値に相当する価額を相続したものと扱われるわけです。配偶者居住権については登記することもできます。

　具体的には、次のような利用が考えられます。

　つまり、妻は夫亡き後も居住用不動産に居住する権利を取得し、登記することによって第三者にも対抗できる状況となる一方で、生活資金についても十分な手当てがされるというわけです。

第4章
4. 公正証書遺言の有無の確認方法

> 亡くなった社長から遺言の存在を聞いていた場合、それが保管されていそうな場所を探してみましょう。遺言の有無によって相続手続きの進め方が変わってきます。

亡くなった社長が周囲に何も語らずに遺言を作成していることも考えられます。生前に遺言の存在を聞いていなかった場合でも、家の中の大切な物を保管するような場所や銀行の貸金庫など身近なところからまず探してみましょう。

もし、亡くなった社長が公正証書で遺言を作成していた場合は、公証役場でその遺言を探すことができます。公証役場で作成された遺言は公正証書遺言といい、自分で書いた遺言は自筆証書遺言といいます。

遺言があると、その内容に沿って相続手続きを進めていくことになりますので、念入りに探してみましょう。

遺言の種類は3つ

①公正証書遺言

公証役場で公証人（裁判官や検察官経験者が務める法律の専門家）に作成してもらう遺言。

3つの手続きの中で、唯一家庭裁判所の検認手続きが不要です。

②自筆証書遺言

自分で全文を手書きして、押印をする遺言。

簡単に作成できる反面、要件を満たさず、無効になることも数多くあります。

遺言の作成 P.190

③秘密証書遺言

遺言の内容を秘密にしたまま、遺言の存在のみを公証人に証明してもらう遺言。

中身を公証人も見ていないので、不備があると無効になる可能性があります。

種類	公正証書遺言	自筆証書遺言	秘密証書遺言
作成方法	公証人が聞取りし、作成する。	本人が全文、氏名、日付を自筆し、押印する。	本人が全文自筆し、押印した後封印する。
証人	2名以上	不要	2名以上
家庭裁判所の検認	不要	必要	必要

遺言書の保管	遺言者本人 公証役場	遺言者本人	遺言者本人
秘密性	なし	あり	あり

公正証書遺言の検索方法

遺言の中でも、公正証書遺言は、作成時に公証役場で遺言の原本を保管する決まりとなっているので、公証役場でその存在を検索することができます（平成年代になってから作成したものに限られます）。

遺言検索は、誰でもできるわけではないので、遺言者が亡くなったことが確認できる除籍謄本と検索を行う方が相続人であることが確認できる戸籍謄本などが必要です。

検索場所	最寄りの公証役場（全国どこでも可能）
検索できる人	相続人もしくは相続人の代理人（委任状が必要）
必要書類	①遺言者の死亡が確認できる除籍謄本 ②遺言者との相続関係がわかる戸籍謄本 ③身分証（運転免許証、パスポートなど）
手数料	検索は無料　＊閲覧は1回200円、謄本は1枚250円

遺言の有無を確認する検索は、全国どこの公証役場でもできますが、その遺言の中身を確認するには、実際に故人が遺言を作成した公証役場に申請しなければなりません。その際には、検索時と同じ必要書類を公証役場に直接持参します。

秘密保持のため、電話や郵送での対応はしてもらえません。ただし、相続人の実印を押印した委任状を持っていけば、代理人でも申請は可能です。

■ 公正証書遺言作成例

第4章

5.公正証書遺言以外の検認手続き

> 公正証書遺言以外の遺言は、家庭裁判所で検認手続きをする必要があります。

　検認とは、相続人に対し遺言の存在やその内容を知らせて、遺言書の形式、加筆修正などの状態、日付や署名など遺言の中身を明確にして偽造や変造を防止する手続きのことをいいます。

　公正証書遺言以外の遺言書を保管していた人または発見した相続人は、遺言者の死亡を知った後、遅滞なくその遺言書を家庭裁判所に提出して、検認をしてもらわなければなりません。また、封がされた遺言書は、検認手続きが済むまで開封してはいけません。

　この検認手続きを怠ったからといって遺言が無効になるわけではありませんが、金融機関での相続手続きや不動産の名義変更を行う際には、検認済証明書の添付が必要になりますので注意してください。

検認の流れ

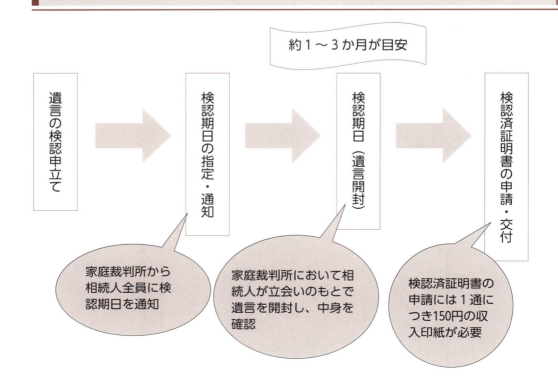

申立人	遺言書の保管者または遺言書を発見した相続人
申立先	遺言者の最後の住所地の家庭裁判所
手数料	遺言書1通につき収入印紙800円分、連絡用の郵便切手費用
必要な書類	・検認申立書 ・遺言者の出生から死亡までの戸籍（除籍・改製原戸籍）謄本 ・相続人全員の戸籍謄本 ・自筆証書遺言（申立ての際には不要、検認期日に持参すること）

■ 遺言書の検認申立書記載例

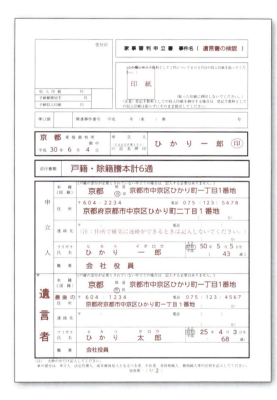

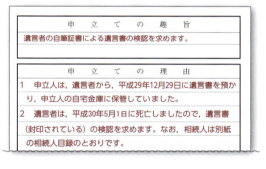

先取り民法(相続関係)改正

遺言書の保管制度の創設

　遺言者は、自ら法務局に出頭することによって、法務局に無封の自筆証書遺言書の保管を申請することができ、遺言書の返還または閲覧を請求することもできるという制度が新たに導入されます。

　そして、遺言者が亡くなった場合、相続人は遺言書の閲覧や自己を相続人等とする遺言書の画像情報などの証明書を請求することができます。

　自筆証書遺言の場合、偽造や変造だけでなく、破棄や隠匿などのリスクも少なくありません。せっかく自筆証書遺言を作成したにもかかわらず、死後に遺言書が発見されないという不幸なケースもないわけではありません。遺言書の破棄や隠匿は相続欠格事由に該当するとはいえ、それはきわめて密室的な状況下で行われることが多いため、法律による抑止力が十分とはいえません。

　したがって、新たに導入される自筆証書遺言書の保管制度は、遺言書作成者にとっては望ましいことであり、自筆証書遺言書を作成するインセンティブになることが期待されています。

6. 遺留分の基礎知識

> 遺留分とは、被相続人の兄弟姉妹以外の相続人に認められる遺産取得の最低保障分のことをいいます。遺留分は法定相続分の半分になりますので、まずは法定相続分から確認しましょう。

相続が発生した場合、誰がどのような割合で財産を取得するのでしょうか。

被相続人が遺言を残していた場合は、原則として、その遺言に従って相続財産を配分しますが、遺言を残さずに亡くなる方も少なくありません。この場合は法律（民法）で定められた相続分を参考にしながら相続人間で話合い（遺産分割協議）を進め、自由に分割することになります。

反対に、遺言は残されていたものの、その内容が一部の相続人にとってあまりにも不公平である場合には、相続人は遺留分という民法が定める最低限の遺産を相続する権利を主張することができます。

法定相続分とは

遺言書がない場合には、相続人間の話合いで自由に財産を分けられますが、話合いで納得がいかない場合には、法律で決められた相続分を主張することもできます。

これを法定相続分といい、この割合は、誰が相続人になるのかによって異なってきます。同順位の相続人が数名いる場合には、全員でその相続分を均分します。

子供が3人である場合には、配偶者が1/2、子は1/2の相続分を全員で均分しますので、それぞれ1/6となります。

法定相続分

	配偶者	配偶者以外の相続人
〈第1順位〉子など（直系卑属）	$\frac{1}{2}$	$\frac{1}{2}$
〈第2順位〉親、祖父母など（直系尊属）	$\frac{2}{3}$	$\frac{1}{3}$
〈第3順位〉兄弟姉妹	$\frac{3}{4}$	$\frac{1}{4}$

＊配偶者は常に相続人になります。

具体例① 配偶者と子3人

配偶者 $\frac{1}{2}$　子 $\frac{1}{6}$ $\left(\frac{1}{2} \times \frac{1}{3}\right)$　子 $\frac{1}{6}$ $\left(\frac{1}{2} \times \frac{1}{3}\right)$　子 $\frac{1}{6}$ $\left(\frac{1}{2} \times \frac{1}{3}\right)$

具体例② 配偶者と親

配偶者 $\frac{2}{3}$　親 $\frac{1}{3}$

具体例③ 配偶者と兄妹

配偶者 $\frac{3}{4}$　兄 $\frac{1}{8}$ $\left(\frac{1}{4} \times \frac{1}{2}\right)$　妹 $\frac{1}{8}$ $\left(\frac{1}{4} \times \frac{1}{2}\right)$

遺留分の基礎知識

遺言や生前贈与があると、法定相続人であっても十分な遺産を受け取れなくなることがあります。そこで一定の範囲の法定相続人については、最低限の遺産を取得できる遺留分の制度が定められています。

遺留分がある相続人は、兄弟姉妹以外の相続人です。それぞれの遺留分の割合は、次の表のとおりです。

■ 遺留分の割合

法定相続人	配偶者と子の場合	配偶者と父母の場合	配偶者と兄妹姉妹の場合	配偶者のみの場合	子のみの場合	父母のみの場合
遺留分（相続財産に対する割合）	配偶者 $\frac{1}{4}$ 子 $\frac{1}{4}$	配偶者 $\frac{1}{3}$ 父母 $\frac{1}{6}$	配偶者 $\frac{1}{2}$ 兄妹姉妹はなし	$\frac{1}{2}$	$\frac{1}{2}$	$\frac{1}{3}$

遺留分減殺請求

相続人は、自分の遺留分を確保できなくなったときは、遺留分を侵害している他の人から財産を取り戻すことができます。この権利を遺留分減殺請求権といいます。

なお、減殺請求の対象となるのは、相続開始前の1年間にされた贈与と遺言による相続です。対象となり得る贈与や遺贈が複数ある場合には、下記の順序と割合に従います。ポイントは、被相続人の死亡に近いものから順に減殺することです。

■ 減殺請求の順序

①まず、遺贈を減殺し、それでも遺留分が満たされない場合に1年内の贈与を減殺します。
②贈与が2つ以上あるときは、後の贈与から順に前の贈与を減殺します。
③同時に行われた遺贈や贈与については、遺贈や贈与した財産の価格の割合に応じて減殺します。

請求ができる期限

遺留分減殺請求権は、遺留分権利者が、①相続が開始したこと、②減殺できる贈与や遺贈があったこと、の2つを知った時から1年間で時効によって消滅します。また、この2つを知らなくとも、相続開始の時から10年を経過すれば消滅しますので注意してください。

先取り民法（相続関係）改正

遺留分減殺請求をめぐる改正

■ 遺留分侵害額請求権行使の効果の金銭債権化

　遺留分減殺請求権行使の法的性質について、従来は「物権的効力を持つもの」とされてきましたが、新たに遺留分権利者の受遺者または受贈者に対する「遺留分侵害額に相当する金銭の支払請求権」とされることになります。

　たとえば、相続財産が不動産である場合、遺留分権利者は遺留分減殺請求の物権的効力によって具体的な遺留分割合に応じた共有持分権を取得することになり、遺留分権利者は保護されるとはいえ、単に共有持分権を取得しただけでは本質的な紛争解決にはなっていないという批判もありました。なぜなら、真の紛争解決のためには、その後の共有物分割手続きが必要となるという意味で、遺留分減殺請求は暫定的な権利保護にとどまるともいえるからです。

　そこで、新たに遺留分減殺請求の暫定的な性格を改め、「遺留分侵害額に相当する金銭の支払請求権」があることを明確にして、遺留分侵害に関する紛争の本質的な解決を図ることになりました。

　もっとも、金銭を直ちに準備できない受遺者等にどのように対応するかという現実的な問題もありますから、遺留分侵害額請求という金銭的請求について裁判所が相当の期限を許与することができるとする制度設計で受遺者側の保護も図られます。

■ 遺留分を算定するための財産の価額の算定方法

　遺留分減殺請求の対象となる財産の算定方法について、従来は、「被相続人が相続開始の時において有していた財産の価額＋相続開始前の1年間に贈与された財産の価額－債務の全額」とされていました。

　しかし、この「相続開始前の1年間に贈与した財産」に関して、それが相続人に対して贈与された場合は、新たに「相続開始前の10年間に贈与した財産」について遺留分算定の財産価額に算入することになります。

第4章

7.戸籍の基礎知識

> 戸籍とは、一人の出生から死亡までの身分事項を公の帳簿で記録管理し、それを証明するものです。

遺産相続手続きにおいて、相続人を確定させるために戸籍の提出を求められることがあります。戸籍とは、一人ひとりの氏名、生年月日、夫婦、親子関係などの身分を登録し、それを証明するものです。

また、戸籍には謄本と抄本があります。謄本とは、その戸籍の全員分の写しのことをいい、また抄本とは、必要な人だけの写しのことをいいます。

戸籍の種類

戸籍には以下の3種類があります。

現在戸籍	現在在籍している人がいて使用されている戸籍
改製原戸籍	法改正で閉鎖された古い形式の戸籍
除　籍	在籍者が誰もいない戸籍

戸籍の取得方法

請求できる人	本人、配偶者、直系尊属・卑属（父母、祖父母、子、孫など）、その戸籍に記載のある方
請求場所	本籍がある（あった）市区町村役場 ＊郵送でも申請可（コンビニでも取得できる市区町村もある）
必要なもの	・運転免許証などの身分証明書 ・申請書（窓口やホームページで取得可） ・手数料（市区町村によって異なる） ・返信用封筒（郵送の場合）

本籍地と住所地の違い

本籍地と住所地が混同されていることがありますが、両者は別物なので注意が必要です。住所地とは今現在居住している場所（住民票上の住所）のことですが、本籍地とは戸籍が保管されている市区町村のことであり、必ずしも本籍地と住所地が一致するとは限りません。

■ 戸籍書式例

	全部事項証明

本　　　籍	京都市中京区ひかり町一丁目1番地
氏　　　名	ひかり　太郎
戸籍事項 　　戸籍編製 　　転　　籍	【編製日】昭和48年12月25日 【転籍日】平成5年3月6日 【従前の記録】 　　【本籍】大阪市中央区谷町1丁目1番地
戸籍に記録されている者	【名】太郎 【生年月日】昭和25年4月3日　　【配偶者区分】夫 【父】ひかり幸雄 【母】ひかり松子 【続柄】長男
身分事項 　　出　　生 　　婚　　姻	【出生日】昭和25年4月3日 【出生地】京都市中京区 【届出日】昭和25年4月5日 【届出人】父 【婚姻日】昭和48年12月25日 【配偶者氏名】乙野花子 【従前戸籍】京都市中京区ひかり町一丁目1番地　ひかり幸雄
戸籍に記録されている者	【名】花子 【生年月日】昭和26年5月4日　　【配偶者区分】妻 【父】乙野忠治 【母】乙野春子 【続柄】長女
身分事項 　　出　　生	【出生日】昭和26年5月4日

発行番号000001　　　　　　　　　　　　　　　　　以下略

第4章

8. 住民票の基礎知識

> 住民票は、市区町村役場で作成・記録されている住民に関する台帳のことをいいます。

　住民票とは、個人単位の住民の氏名や生年月日、性別、世帯主との関係、住所などの事項を記載したものをいいます。様々な手続きの中で、これらの記載事項を証明するためのものとして住民票が必要になることがあります。

住民票の写しの取得方法

　住民票の写しは、住所地の市区町村役場に請求します。また、誰でも取得できるわけではなく、個人情報保護の兼ね合いから取得できる者が制限されています。

　同居の親子、兄弟であっても別世帯になっている場合、委任状がなければ取得することができません。

請求できる人	本人・同一世帯の者・代理人など
請求場所	住民登録している市区町村役場
必要なもの	申請書（窓口にあります）、身分証明書 ＊代理の場合は委任状が必要

■ 住民票の写しの記載事項

①氏名
②生年月日
③性別
④住民となった年月日
⑤住所
⑥前住所
⑦世帯主と続柄＊
⑧本籍地＊
⑨住民票コード＊
⑩マイナンバー＊

＊⑦～⑩については通常は記載が省略されますが、希望すれば記載することができます。提出先によっては、必要な記載事項の有無によって受理されない場合もあるため、事前に提出先へ確認しておくようにしてください。

住民票の種類

　住民票は次ページの表の3種類に分類されます。
　窓口で取得する際、謄本か抄本かを聞かれるので、家族分必要かどうかなどを事前に確かめておく必要があります。

住民票の種類	内　容
住民票謄本	世帯全員（家族全員）が記載されている住民票の写しのこと
住民票抄本	世帯員の一部だけが記載されている住民票の写しのこと
住民票除票	転出や死亡により消除された住民票の写しのこと

■ 住民票の写し等交付請求書記載例

②　　**住民票の写し等　交付請求書**

平成30 年　6 月　6 日

住所　中京区　ひかり町2-1

フリガナ　ヒカリ　イチロウ

氏名　ひかり　一郎

明・大・㊼・平・西暦 50 年 5 月 5 日生

下記の項目は原則として省略されます。必要な項目があれば○でかこんでください。
①. 世帯主名・続柄　　2. 本籍・筆頭者　　3. 変更事項
4. 在留に関する事項（中長期滞在者・特別永住者の区分（30条45区分）、在留資格、在留期間、在留期間の満了の日）
5. 国籍又は地域　　　6. 在留カード等の番号　　7. 通称名履歴
【2は日本国籍の方のみ、4から7に関しては外国籍の方のみになります。】
8. マイナンバー（個人番号）［下記，注2を御確認ください。］

住民票の写し（世帯全員）	通	住民票記載事項証明書（世帯全員）	通
住民票の写し（世帯の一部）	1 通	住民票記載事項証明書（世帯の一部）	通
消除された住民票の写し	通		

使いみち（何にお使いになるかを具体的にお書きください。）
相続手続きのため

↓ 上記以外の方が窓口にこられた場合に御記入ください。
（同一世帯以外の方が窓口にこられた場合は、委任状等が必要です。）

窓口にこられたあなた
住所
フリガナ
氏名
生年月日　西暦・明・大・昭・平　　年　　月　　日
必要な人から見た関係（　　　）

［注1］運転免許証，住基カード，マイナンバーカード，健康保険証等の本人確認書類を御提示ください。
［注2］マイナンバーは，法律により提供の求めの制限及び提供の制限が規定されています。請求にあたっては，必要性等を十分確認のうえ請求してください。
なお，代理人によるマイナンバー入りの住民票の写し等の申請の場合は，窓口でお渡しすることはできません。本人の住所地あてに郵送いたします。
［注3］偽りその他不正の手段により住民票の写し等の交付を受けた場合，住民基本台帳法第46条により30万円以下の罰金に処せられます。また，本市では，当該事実が明らかになった場合，被害者に請求者の氏名などを通知します。

免許証／パスポート／住基カード
マイナンバーカード／身体障害者手帳
在留カード・特永証
保険証／年金手帳／敬老乗車証
社員証（写真付）／学生証（写真付）
その他
NO.（　　　）

受付　作成　　戸 住 印 行 税

(H29.1)

（書式は京都市のもの）

第2編

第4章　遺産相続の基本手続き

第4章

9. 印鑑証明書の取得方法

> 印鑑証明書とは、住所地の市区町村役場に登録されている印影について書面で証明したものをいいます。

印鑑証明書の取得方法

相続の手続きにおいて、相続人の印鑑証明書の提出を求められることがあります。

印鑑証明書は、住所地の市区町村役場で請求します。印鑑登録を行った際に発行された印鑑カードを窓口に提出して取得してください。

印鑑証明書を取得するには、住所地の市区町村役場で事前に印鑑登録をする必要があります。その際に、登録したい印鑑を持っていきますが、ディスカウントショップに売っているような三文判やシャチハタでは、同じ印鑑が大量に生産されていることもあり、自治体によっては登録できないことがあります。登録前に判子屋さんに行って印鑑登録用の印鑑を作ってもらうようにしてください。また、印鑑登録がされた印鑑のことを実印と呼びます。

請求できる人	本人・代理人（本人から委任を受けた方）
請求場所	印鑑登録している市区町村役場
必要なもの	申請書（窓口にあります）、印鑑カード

有効期限の確認を忘れずに

住民票や印鑑証明書は手続きの中で提出を求められることが多い書類ですが、提出する先によっては、有効期限があるため注意が必要です。一般的には発行から3か月以内となっているところが多いので、必ず提出前に発行日を確認するようにしておきましょう。

■ 印鑑登録証明書交付申請書記載例

印鑑登録証明書交付申請書

平成30年　6月　6日

どなたの証明が必要ですか	印鑑登録証の登録番号	160 － 1111 － 1			
	住　所	京都市中京区ひかり町2丁目1番地			
	氏　名	ひかり　一郎	生年月日	明大㊐平	50年 5月 5日生
	必要枚数　1　通				

⬇ 上記以外の方が窓口に来られた場合にご記入ください。

窓口にこられたあなた	住　所	京都市中京区ひかり町1丁目1番地
	氏　名	ひかり　望

※注意※　印鑑登録証を必ず提示して下さい。
　　　　　提示のない場合は印鑑登録証明書を発行できません。

第4章

10. 遺産分割の方法

> 遺言書がない場合は、相続人全員で話し合い、各相続人に財産を分割します。そして、その結果を「遺産分割協議書」に記載します。

遺言の種類 *P.122*

事故や病気などで社長が突然亡くなった場合、財産の整理や分割の準備は何もなく、もちろん遺言書も用意されていないことが少なくありません。遺言書があればそれに従って相続財産を分けることになりますが、遺言書がなければ、相続人全員で協議を行って財産を分けることになります。

ただし、遺産分割は共同相続人全員の同意がなければ有効に成立せず、相続人が1人でも協議に参加していなければ、その遺産分割は無効となりますので、注意が必要です。

遺産分割の手続き

遺言書がない場合に参考とされる法定相続分（民法で定める各相続人の取得割合）は、あくまで被相続人が相続分を指定しない場合などに適用されるのであって、必ずこれに従って分割しなければならないわけではありません。相続人が全員納得すれば、財産のすべてを長男が取得するという遺産分割の内容でも問題ありません。

■ 遺産分割の手続き

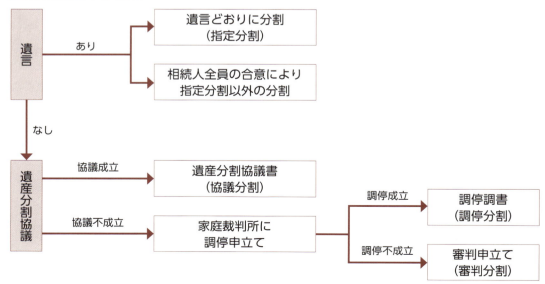

遺産分割の種類

たとえば、「法定相続分のとおり遺産を分割する」と遺産分割協議で決定したとします。

しかし、遺産のほとんどが不動産である場合など公平に分割することができません。遺産分割にはいくつかの方法があるので、遺産の中に分割が難しい財産が多く含まれている場合には、下記のいくつかの分割方法を組み合わせて対応するとよいでしょう。

■ 遺産分割の種類

	現物分割	換価分割	代償分割	共有分割
内容	財産をそのまま各相続人に分配する方法	財産を売却し、金銭にして分割する方法	相続人の1人が財産を取得し、他の相続人に各相続分に見合う金銭を支払う方法	各相続人の持分を定めて、財産を共有にて取得する方法
長所	直感的に理解しやすく手間がかからない	公平性を確保できる。現物分割の補填として有効	事業用財産や農地など、分割しにくい財産に有効。現物分割の補填として有効	公平な遺産分割が可能
短所	公平な分割が困難	売却の際の譲渡益に対し、所得税と住民税が課税される	代償金を支払うことのできる資力のある相続人でないと難しい	共有者に相続が発生するとさらに複雑化する。売却時には共有者全員の合意が必要

遺産分割の期限

遺産分割に期限はありません。したがって、遺産分割を行う権利が時効によって消滅することもありません。

このように遺産分割に期限はありませんが、相続税の申告期限は「相続の開始があったことを知った日の翌日から10か月以内」と定められています。そこで実務上は、この相続税の申告期限を目安に遺産分割が行われることが多いのですが、これはあくまでも相続税法上の期限であって、遺産分割そのものの期限ではありません。

第4章

11. 遺産分割協議書の書き方

誰がどの財産をいくら相続するかの遺産分割協議が調えば、遺産分割協議書を作成し、相続人全員で署名押印します。

　遺産分割協議が成立したら遺産分割協議書を作成します。遺産分割協議書は必ず作成しなければならないものではありませんが、相続した土地や建物の名義変更を行う相続登記申請や、預貯金の名義変更、相続税の申告の際には必要となります。また、後日のトラブルを避けるためにも、相続人全員が合意した証拠として作成しておきましょう。遺産分割協議書の作成にあたっては特に決まったひな形はありませんが、いくつかの留意すべき事項がありますので、以下に作成のポイントを記載します。

書　式	手書き・パソコン使用を問いません。横書き・縦書き・用紙のサイズなど決まった形式はありません。
財産の特定	不動産については所在地や面積など、登記簿謄本の記載をそのまま記入します。預貯金などは金融機関名や口座番号、口座種類を記載します。
署名・押印	相続人全員が署名し、実印で押印します。遺産分割協議の結果、遺産を相続しない人も署名・押印が必要になります。
契　印	遺産分割協議書が複数ページになる場合、各用紙の綴じ目に実印を押印する必要があります。

　遺産分割協議書は相続人数分を作成し、各自が原本を保管するのが望ましいといえます。不動産登記や預貯金の名義変更手続などに原本が必要となりますので、これらの各種手続き用に多めに作成しておくことをおすすめします。

■ 遺産分割協議書作成例

遺産分割協議書

　被相続人ひかり太郎の遺産については、同人の相続人全員が遺産分割協議を行った結果、各相続人がそれぞれ次のとおり遺産を分割し、取得することに決定した。

　　　　　被相続人の最後の本籍　　京都市中京区ひかり町1-1
　　　　　　　　　最後の住所　　　京都市中京区ひかり町1-1
　　　　　　氏名　　　　　　　　　ひかり太郎
　　　　　　　　　相続開始の日　　平成30年5月1日

記

1. 相続人ひかり一郎が相続する財産
(1) ひかり商事株式会社　　　株式　1,500株
(2) ひかり生命保険株式会社　株式　2,000株

2. 相続人ひかり花子が相続する財産
(1) ひかり銀行　京都支店　普通預金　口座番号123456
(2) 所　　　　在　京都市中京区ひかり町1丁目
　　地　　　　番　1番
　　地　　　　目　宅　地
　　地　　　　積　185.23平方メートル
(3) 所　　　　在　京都市中京区ひかり町1丁目1番地
　　家 屋 番 号　1番
　　種　　　　類　居　宅
　　構　　　　造　木造かわらぶき2階建
　　床　面　積　1階　93.00平方メートル
　　　　　　　　　2階　71.34平方メートル
(4) 家財一式　京都市中京区ひかり町1丁目1番地

3. 相続人ひかり一郎は、上記1に記載の遺産を取得する代償として、ひかり望に対し金1,000万円を平成30年9月30日までに支払うものとする。

　上記のとおり相続人全員による遺産分割の協議が成立したので、これを証するため本書3通を作成し、それぞれに署名押印し、各自が1通ずつ所有する。

平成30年8月30日

京都市中京区ひかり町2丁目1番地
　ひかり一郎　㊞

京都市中京区ひかり町1丁目1番地
　ひかり花子　㊞

京都市中京区ひかり町1丁目1番地
　ひかり　望　㊞

- 表題には「遺産分割協議書」と明記します。
- 被相続人の本籍、最後の住所、氏名、相続開始日を記載します。
- 相続財産を具体的に記載します。不動産については、登記簿謄本の記載をそのまま転記します。
- 代償分割がある場合には、代償金額や期日を記載します。
- 遺産分割には相続人全員の合意が必要です。
- 実印を押印し、印鑑証明書を添付します。住所氏名は、印鑑証明書に記載されているとおりに正確に記載します。

第4章

12. 遺産分割協議がまとまらない場合

遺産分割協議が難航してまとまらない場合は、家庭裁判所に調停を申し立て、第三者をまじえて話合いを進めるという方法が考えられます。

家庭裁判所における遺産分割調停

相続人間で遺産分割協議がまとまらない場合は、調停によって解決する方法があります。遺産分割調停は家庭裁判所で行われますが、裁判のように勝ち負けを決めるのではなく、調停委員をまじえて当事者が話し合うことによって合意を形成し、紛争の解決を図る手続きです。

調停の進め方

調停は、裁判官と民間の良識のある人から選ばれた調停委員2人以上で構成される調停委員会が、当事者双方の事情や意見を聴くなどして、双方が納得して問題を解決できるよう、助言やあっせんをします。

具体的には、男性と女性の調停委員が1組になって当事者の話を聞き、あるいは助言をして合意に向けた話合いを進めます。裁判官も調停委員会を構成する委員の1人ですが、もっぱら調停の進行と運営に対して指示をする立場で、調停そのものは2名の調停委員で進められます。

調停は、数回の話合いを経て合意が形成されるのが理想ですが、中には長期にわたるケースもありますし、残念ながら合意に至らずに調停不成立という結果もあり得ます。調停は自己の都合を主張するだけではなく、相手の立場にも配慮しながら譲り合いの心で進めなければよい結果にはつながりません。

■ 調停のポイント

- 話合いによる解決
  訴訟と異なり当事者間の話合いにより問題解決を図ります。
- 公平中立な第三者の関与
  調停委員会(裁判官と民間から選ばれた調停委員で構成)が公平中立な立場で双方から丁寧に話を聞き、解決の手伝いをします。
- 簡易な手続き
  申立手続きは自分でできます。訴訟のような複雑な手続きではありません。
  家庭裁判所の受付に申立書式が用意してあります。

■ 遺産分割調停申立書記載例

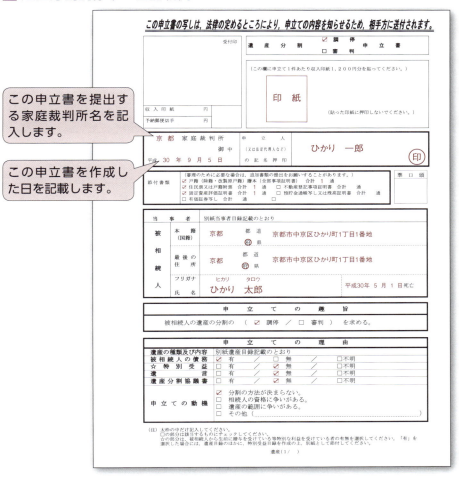

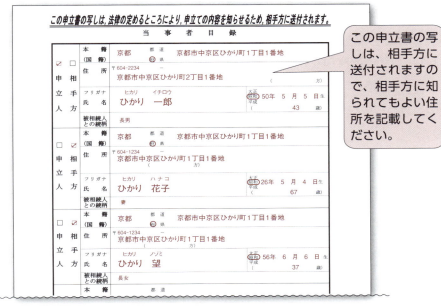

第4章

13. 遺産分割調停が成立しない場合

調停で合意に至らず不成立となった場合、裁判官による審判手続きに移行し、分割内容が決められることになります。

調停が成立しなければ審判に移行

　調停で合意に達することができなかった場合、遺産分割審判手続き開始の申立てがあったものとみなされて遺産分割審判手続きへと移行します。

　遺産分割審判手続きとは、家庭裁判所の裁判官が当事者から諸般の事情を聴くとはいえ、遺産分割そのものを裁判官が自ら決めることになります。したがって、当事者双方にとって望ましい結果になるかどうかはわかりません。

審判の特徴と不服がある場合

　審判手続きが調停と異なるのは、当事者間の合意がなくても、裁判官の判断で分割方法が決められるという点です。審判手続きでは、裁判官が相続財産の内容や相続人の年齢、職業あるいは健康状態や生活環境といったあらゆる要素を勘案しますが、いわゆる法定相続分から大きく逸脱した判断はしないのが実情です。

　つまり、当事者の一方的な主張や要求が認められる可能性は少ないと考えておくのがよいでしょう。その意味でも調停による話合いの中でお互いに譲合いの心を持って合意点を模索する努力が必要ということになります。

　なお、審判の結果に納得がいかないということであれば、高等裁判所に対して2週間以内に即時抗告の申立てをすることができますが、手間と時間をかけるほどの効果があるかどうかは疑問です。

■ 相続人の調査から遺産分割確定までの各種手続きのフローチャート

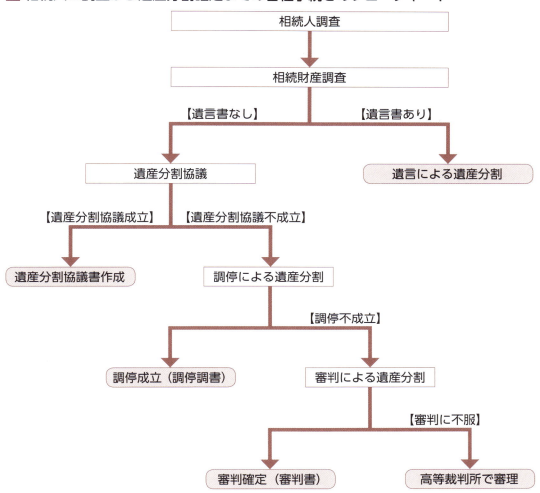

COLUMN 調停による解決は得策か

　調停は当事者双方の話合いによる合意を目指す手続きですから、当事者間の主張に大きな隔たりがある場合は、いわゆる法定相続割合を念頭において合意形成が図られます。つまり、当事者間で分割協議をする場合はどのような分割割合でも合意は自由ですが、調停の場ではお互いの譲合いをベースに解決が図られることから、たとえば一方がゼロで、他方が100といった合意はあり得ません。

　したがって、難航した遺産分割協議を調停の場で解決するのはひとつの方法とはいえ、自分の主張を実現するために調停を利用するというスタンスでは思いどおりの結論に至らないことが多いので、注意してください。

第4章

14. 遺産分割がまとまらないデメリット

> 遺産分割協議がまとまらない場合は、相続税で不利になることはもとより、新社長選任の遅れや、納税資金の確保ができないことなど、多くのデメリットが生じます。

遺言書を残さずに社長が亡くなり、遺産分割協議がまとまらずに長期化すると、会社や個人に様々なデメリットが生じます。特に、自社株式の大半を所有する社長が亡くなった場合に、遺産分割協議がまとまらず、自社株式の相続人が決まらなければ、株主総会の開催や決議ができず、会社の運営に支障をきたすことがあります。

自社株式の相続人が決まらない場合

株式は預貯金などと異なり、相続によって当然に法定相続人ごとに分割されず、全株式が法定相続分に応じた準共有状態になります（準共有とは所有権以外の権利を共有することです）。

準共有状態で株主の権利行使を行う場合は、共有者は相続分に応じた持分の過半数の合意のうえで、権利行使者1名を定めて会社に通知する必要があります。

社長の死亡により役員に欠員が生じ、新役員の選任が必要な場合には、権利行使者が決まらないと、株主総会決議で新役員の選任が行えず、新社長選任ができない事態になります。

> 新社長の選任 P.002

亡くなった社長の遺族の納税資金の確保に支障が出る

相続税の申告期限（相続開始の翌日から10か月以内）までに分割協議がまとまらない場合でも、法定相続分で分割したと仮定して申告し、各相続人は相続税を支払う必要があります。個人名義の預貯金は分割協議がまとまるまで解約できませんので、会社からの死亡退職金の支給などで手当てをする必要がありますが、新社長の選任が遅れると死亡退職金の支払いができず、納税資金に支障をきたすことになります。

> 相続税の納税 P.182

相続税の優遇措置が受けられず税負担が増える

相続税の申告期限までに遺産分割が終了しないと、様々な相続税の優遇措置が受けられずに相続税が増える結果となります。この場合は、申告時に申告期限後3年以内の分割見込書を提出し、3年以内に分割がまとまって再度申告すれば、そのときに優遇措置も適用することができます（この手続きを更正の請求といいます）が、いったんは優遇措置の適用を受けられない前提で相続税を計算して、納税をしなければなりません。

> 相続税の申告書 P.180

遺産分割協議で自社株式の相続人が決まるまでの議決権行使

①相続人が議決権を行使するには、相続人の間において、権利行使者1人を定め、会社に通知する必要があります。
②権利行使者の指定は持分価額の過半数で決めます。
③権利行使者の指定および会社への通知がなされた後は、権利行使者が自己の判断で議決権を行使できます。

> 株主総会での役員選任の決議には、議決権の過半数を有する株主の出席と、出席した株主の議決権の過半数の賛成が必要です。したがって、亡くなった社長が50％以上の株式を所有している場合には、遺産分割協議ができず議決権行使者の指定ができないと、株主総会の定足数を満たさず、株主総会の決議ができない可能性があります。

■ 株式共有者が会社に対し権利行使者を指定する場合の権利行使者指定通知書文例

```
ひかり商事株式会社
専務取締役ひかり一郎殿

                 通  知  書


  私ども3名は、貴社の株式1,500株を共有する株主です。このたび、私ども3名の協議
により、上記1,500株についての権利行使者をひかり一郎に決定しましたので、通知いたします。

    平成30年5月2日

                    京都市中京区ひかり町2－1　ひかり一郎
                       同      ひかり町1－1  ひかり花子
                       同             ひかり 望
```

第4章

15. 未成年者や認知症発症者がいる場合

> 亡くなった社長の相続人の中に、未成年者や認知症発症者がいる場合は、家庭裁判所に特別代理人や成年後見人の選任の申立てを行い、遺産分割協議に参加してもらう必要があります。

相続人の中に未成年者がいる場合

相続人の中に未成年者がいる場合は、未成年者の親権者である親が代理人として遺産分割協議に参加し、遺産分割協議書に署名・押印しますが、親権者である親が未成年者の子とともに相続人になっている場合は、親子間で互いに利益が相反しますので親は子の代理人になることができません。

このような場合は、未成年者の住所地の家庭裁判所に特別代理人の選任を申し立て、当事者である相続人の親と子のいずれにも利害関係のない第三者が特別代理人として選任されます。特別代理人は、未成年者に代わって遺産分割協議に参加し、遺産分割協議書に署名・押印を行います。

【特別代理人選任申立てに必要な書類】
- □ 特別代理人選任の申立書
- □ 申立人（親権者）および未成年者の戸籍謄本
- □ 特別代理人候補者の住民票および戸籍謄本
- □ 被相続人の遺産を明らかにする資料（不動産登記事項証明書など）
- □ 利益相反に関する資料（遺産分割協議書案など）

相続人の中に認知症発症者がいる場合

相続人の中に認知症などで判断能力が欠けている者がいる場合は、その者の住所地の家庭裁判所に成年後見の選任を申し立て、その成年後見人に遺産分割協議に参加してもらうことになります。

なお、法定後見制度には、本人の判断能力の状態によって次の3種類があります。

区分	後見	保佐	補助
本人の判断能力	まったくない	著しく不十分	不十分
援助者	成年後見人	保佐人	補助人

保佐・補助の場合は、保佐人や補助人が遺産分割を代理するには、保佐・補助開始の審判とは別に、遺産分割の代理権を付与する旨の審判が必要です。

■ 成年後見申立ての流れ

> 申立てができる人は、**本人、配偶者、4親等内の親族、市区町村長、検察官など**

①**資料の準備**——家庭裁判所の窓口やWebサイトから必要書類を確認して、各種書類を準備します。

- □ 後見開始申立書
- □ 申立事情説明書
- □ 親族関係図
- □ 本人の財産目録と資料（不動産登記簿謄本、預金通帳のコピーなど）
- □ 本人の収支状況報告書と資料（領収書など）
- □ 後見人等候補者事情説明書
- □ 親族の同意書
- □ 本人と後見人等候補者の戸籍謄本および住民票
- □ 本人が成年後見などの登記がされていないことの証明書
- □ 診断書（家庭裁判所が定める様式のもの）

②**申立て**——後見を受ける人の住所地（住民登録をしている場所）の家庭裁判所に申立書、必要書類、費用をそろえて提出します。

③**裁判所による調査、面接**——裁判所の職員が申立人、後見候補者、本人に面接し事情を聴きます。本人の親族に意向を照会する場合があります。

④**鑑定**——本人の判断能力の程度を医学的に判定するため、医師による鑑定を行います。ただし、診断書などで判断能力を判断できる場合は、省略されることもあります。

⑤**後見開始の審判**——家庭裁判所が後見開始の審判をして、適任と思われる人を成年後見人に選任します。

⑥**審判確定と登記**——不服申立てがなければ、成年後見人が審判書を受領してから2週間後に審判が確定し、後見の登記が行われます。

なお、成年後見に関しては、各地域を管轄する家庭裁判所のホームページにくわしい説明がありますので、ご確認いただくとよいでしょう。

第4章

16. 相続放棄の手続き

> 亡くなった社長が財産のみならず、それを上回るような多額の借金も抱えていた場合には、相続人はあえて相続をしないというオプションを選択することができます。

相続が発生した場合、遺産を相続するかどうかは各相続人の自由です。財産が負債より明らかに多い場合には問題ありませんが、逆に負債の方が財産より多いような場合には、あえて相続しないという選択肢もあります。そこで、相続人には相続を放棄することが認められています。

相続放棄の手続き

相続を放棄するためには、相続人が相続の開始があったことを知った時（被相続人死亡の当日、死亡の通知を受けた日、先順位者の相続放棄を知った日など）から3か月以内に、被相続人の住所地を管轄する家庭裁判所に申述書を提出しなければなりません。

相続放棄の申述が受理されると、家庭裁判所から「相続放棄申述受理通知書」が郵送されてきます。しかし、この通知書だけでは相続放棄をしたという証明にはなりませんので、家庭裁判所に「相続放棄申述受理証明書」を申請します。この証明書が相続放棄をしたという証明になります。他の相続人が各種手続きを行う際にこの証明書が必要になりますし、被相続人に借金がある場合には債権者から提示を求められることもあります。

■ 相続放棄申述書記載例

相続放棄申述書

(この欄に収入印紙800円分を貼ってください。)

収入印紙 800円
予納郵便切手　　　円

(貼った印紙に押印しないでください。)

準口頭　関連事件番号　平成　年(家　)第　　号

京都 家庭裁判所 御中
平成 30 年 7 月 30 日

申述人(未成年者などの場合は法定代理人)の記名押印：**ひかり一郎** 印

添付書類（同じ書類は1通で足ります。審理のために必要な場合は、追加書類の提出をお願いすることがあります。）
☑ 戸籍（除籍・改製原戸籍）謄本（全部事項証明書）　合計 3 通
☑ 被相続人の住民票除票又は戸籍附票

申述人
- 本籍(国籍)：**京都**府　京都市中京区ひかり町1-1
- 住所：〒604-2234　電話 075(123)5678　京都府京都市中京区ひかり町2-1
- フリガナ 氏名：ヒカリ イチロウ / **ひかり一郎**　昭和 50年5月5日生（43歳）　職業：会社役員
- 被相続人との関係：※ 被相続人の… ① 子　2 孫　3 配偶者　4 直系尊属（父母・祖父母）　5 兄弟姉妹　6 おいめい　7 その他（　）

法定代理人等
1 親権者　2 後見人　3
住所：〒　－　電話（　）（　方）
フリガナ 氏名：　／　フリガナ 氏名：

被相続人
- 本籍(国籍)：**京都**府　京都市中京区ひかり町1-1
- 最後の住所：京都府京都市中京区ひかり町1-1　死亡当時の職業：会社役員
- フリガナ 氏名：ヒカリ タロウ / **ひかり太郎**　平成 30年 5 月 1 日死亡

(注) 太枠の中だけ記入してください。※の部分は、当てはまる番号を○で囲み、被相続人との関係欄の7、法定代理人等欄の3を選んだ場合には、具体的に記入してください。

相続放棄 (1/2)　(942080)

申述の趣旨

相続の放棄をする。

申述の理由

※ 相続の開始を知った日 …… 平成 30 年 5 月 1 日
① 被相続人死亡の当日　3 先順位者の相続放棄を知った日
2 死亡の通知をうけた日　4 その他（　）

放棄の理由
※
1 被相続人から生前に贈与を受けている
2 生活が安定している。
3 遺産が少ない。
4 遺産を分散させたくない。
⑤ 債務超過のため。
6 その他

相続財産の概略
- 資産
  - 農地……約　　平方メートル
  - 山林……約　　平方メートル
  - 宅地……約　　平方メートル
  - 建物……約　　平方メートル
  - 現金・預貯金……約 300 万円
  - 有価証券……約　　万円
- 負債……約 6,700 万円

(注) 太枠の中だけ記入してください。※の部分は、当てはまる番号を○で囲み、申述の理由欄の4、放棄の理由欄の6を選んだ場合には、( )内に具体的に記入してください。

第4章

17. 限定承認の手続き

亡くなった社長が残した財産と負債の大小関係が不明である場合、相続人はあえて財産の範囲内でのみ負債の弁済に応じるというオプションを選択することができます。

相続が発生した場合、遺産を相続するかどうかは各相続人の自由です。明らかに財産が多く、負債などもないような場合には問題ないのですが、財産と負債のどちらが多いか不明な場合、相続人には限定承認という手続きが認められています。

限定承認の手続き

限定承認は亡くなった社長が残した財産と負債のいずれが多いか不明な場合に有効な方法です。相続した財産をもって負債を弁済した後に、余りが出ればそれを相続することができます。

相続の限定承認をするためには、相続人全員が共同して相続の開始があったことを知った時から3か月以内に財産目録を作成して、被相続人の住所地を管轄する家庭裁判所に申述書とともに提出しなければなりません。前述の相続放棄と異なり、相続人全員で申述する必要があります。

申述が受理されれば限定承認者(相続人が複数の場合は財産管理人)は5日以内(財産管理人の場合は10日以内)に、限定承認したことおよび債権の請求・申出をすべき旨を官報に公告します。公告期間が満了した後は、請求・申出をしてきた債権者に、債権額の割合に応じて相続財産から弁済するなどの清算手続きを行います。債務弁済後、遺産が残っていれば、その遺産を相続することができます。

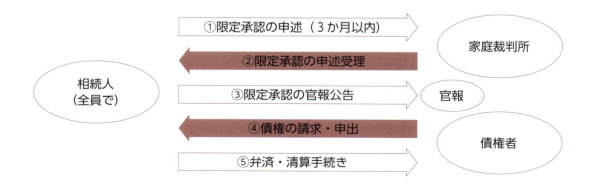

■ 限定承認申述書記載例

受付印	家事審判申立書　事件名（　相続の限定承認　）
	（この欄に申立手数料として１件について８００円分の収入印紙を貼ってください。） 　　　　　　印　紙 　　　　　　　　　　　　　　　（貼った印紙に押印しないでください。） （注意）登記手数料としての収入印紙を納付する場合は，登記手数料としての収入印紙は貼らずにそのまま提出してください。

収入印紙	800 円
予納郵便切手	円
予納収入印紙	円

| 準口頭 | 関連事件番号　平成　　年（家　）第　　　　　　　　　号 |

| 京都　家庭裁判所
　　　　　　御中
平成 30 年 7 月 30 日 | 申　立　人
（又は法定代理人など）
の記名押印 | ひかり一郎　㊞
ひかり花子　㊞
ひかり望　　㊞ |

| 添付書類 | （**審理のために必要な場合は，追加書類の提出をお願いすることがあります。**） |

申述人（一郎）

本　籍 （国　籍）	（戸籍の添付が必要とされていない申立ての場合は，記入する必要はありません。） 　　　都　道 京都　㊝県　京都市中京区ひかり町１－１
住　所	〒 604 － 2234　　　　　電話　075（ 123 ）5678 京都府京都市中京区ひかり町２－１ 　　　　　　　　　　　　　　　（　　　　　　方）
連絡先	〒　－ （注：住所で確実に連絡ができるときは記入しないでください。） 　　　　　　　　　　　　　　　（　　　　　　方）
フリガナ 氏　名	ヒカリ　イチロウ　　　　大正・昭和・平成 ひかり　一郎　　　　　　50 年 5 月 5 日生 　　　　　　　　　　　　　（　43　歳）
職　業	会　社　役　員

申述人（花子）

本　籍 （国　籍）	（戸籍の添付が必要とされていない申立ての場合は，記入する必要はありません。） 　　都　道 　　府　県　　申述人一郎の本籍と同じ
住　所	〒 604 － 1234　　　　電話 075 （ 123 ）4567 京都府京都市中京区ひかり町１－１ 　　　　　　　　　　　　　（　　　　　　方）
連絡先	〒　－ 　　　　　　　　　　　　電話　（　　　） 　　　　　　　　　　　　　（　　　　　　方）
フリガナ 氏　名	ヒカリ　ハナコ　　　大正・昭和・平成 ひかり　花子　　　　26 年 5 月 4 日生 　　　　　　　　　　（　67　歳）
職　業	無　職

151

※ 被相続人	本　籍	都 道 府 県　申述人一郎の本籍と同じ		
	最後の住所	〒 604 － 1234 京都府京都市中京区ひかり町1－1	（　　　　方）	
	フリガナ 氏　名	ヒカリ　タロウ ひかり 太 郎	大正 昭和 ２５年 ４月 ３日 生 平成 （　６８　歳）	
※	本　籍	都 道 府 県		

申　立　て　の　趣　旨

被相続人の相続につき，限定承認します。

申　立　て　の　理　由

1　申述人らは，被相続人の妻と子であり，相続人は申述人らだけです。

2　被相続人は，平成30年5月1日死亡してその相続が開始し，申述人らはいずれも被相続人の死亡当日に相続の開始を知りました。

3　被相続人には別添の遺産目録記載の遺産がありますが，相当の負債もあり，申述人らはいずれも相続によって得た財産の限度で債務を弁済したいと考えますので，限定承認をすることを申述します。

（申述人が複数の場合）

なお，相続財産管理人には，申述人のひかり一郎を選任していただくよう希望します。

(別紙)

遺　産　目　録　（□特別受益目録）

【土　地】

番号	所　　在	地番	地目	地積	備考
1	京都市中京区ひかり町一丁目	1番	宅地	185.23 平方メートル	建物1の敷地 評価額 6,000万円 ひかり銀行抵当権（建物と共同抵当）あり残額約5800万円

遺　産　目　録　（□特別受益目録）

【建　物】

番号	所　　在	家屋番号	種類	構造	床面積	備考
1	京都市中京区ひかり町一丁目1番地	1番	居宅	木造かわらぶき2階建	1階93.00 平方メートル 2階71.34	土地1の建物 評価額 2,000万円 土地1と共同抵当

遺　産　目　録　（□特別受益目録）

【現金，預・貯金，株式等】

番号	品　目	単位	数量（金額）	備　考
1	ひかり銀行京都支店普通預金（口座番号123456）		3,104,000円	申述人一郎保管
2	ひかり生命保険株式会社 株式	1600円	2,000株	申述人一郎保管 評価額320万円
3	ひかり商事株式会社　株式	500円	1,500株	申述人一郎保管 評価額75万円
4	現金		45,000円	申述人一郎保管
5	負債　債権者　ひかり銀行京都支店		借入金7,000万円 利息1.8%，損害金14%	残額約5,800万円 土地，建物に抵当
6	負債　債権者　つばめ金融		借入金 980万円 利息4%，損害金14%	残額約 900万円
	その余の負債については，未調査			

第5章 名義変更手続きあれこれ

1. 銀行口座の名義変更手続き

社長に"もしものこと"があった場合、社長名義の口座は凍結されて入出金が一切できなくなります。必要な名義変更手続きを行わない限り口座の資金は使えないということになります。

預貯金の凍結──引出しも預入れもできない

預貯金は、金融機関が口座名義人の死亡を確認すると、一部の相続人が勝手に引き出すことを防止するため、凍結されます。

相続手続きが完了するまで、引出しも預入れもできません。公共料金の口座振替は停止され、口座への振込入金も制限されます。

金融機関別の名義変更手続き

ゆうちょ銀行以外での手続き	ゆうちょ銀行での手続き
一般的な金融機関では、実際に取引のある本店または支店で名義変更手続きを行います。 各金融機関所定の申請用紙に必要事項を記入し、必要書類とともに提出します。	ゆうちょ銀行では、相続人が最初に相続の申出を行ったゆうちょ銀行または郵便局を窓口として名義変更手続きを行います。 原則として、手続きの窓口とするゆうちょ銀行または郵便局を変更することはできませんので注意が必要です。 ゆうちょ銀行の場合、横浜貯金事務センターで一括処理しますので、他の金融機関より時間がかかります。

添付書類

①	被相続人の出生から死亡まで連続した戸籍謄本
②	相続人全員の現在の戸籍謄本
③	相続人全員の印鑑登録証明書（発行日から3か月以内）
④	被相続人名義の通帳・証書・キャッシュカード
⑤	協議による分割　　遺産分割協議書 遺言による分割　　公正証書遺言または裁判所検認済自筆遺言の原本 調停による分割　　調停調書謄本 審判による分割　　審判書謄本・確定証明書

■ 相続手続請求書記載例

【一般的な金融機関の場合】

> 金融機関ごとに書式は異なります。

相続手続依頼書

届出日 平成30年5月31日

株式会社ひかり銀行 御中
（ 京都 支店）

死亡しました右被相続人の貴行との取引における相続手続については、本相続届による相続人全員の同意に基づき、下に記載の通りお取り扱いください。

被相続人　平成30年5月1日死亡
住所　京都市中京区ひかり町1-1
氏名　ひかり 太郎

相続人・受遺者・遺言執行者

おところ	京都市中京区ひかり町1-1	おところ	京都市中京区ひかり町2-1
おなまえ	ひかり 花子（ひかり花子 実印）	おなまえ	ひかり 一郎（ひかり一郎 実印）
被相続人との続柄	（ 妻 ）	被相続人との続柄	（ 長男 ）
おところ	京都市中京区ひかり町1-1	おところ	
おなまえ	ひかり 望（ひかり望 実印）	おなまえ	（実印）
被相続人との続柄	（ 長女 ）	被相続人との続柄	（ ）
おところ		おところ	

相続財産の表示・取扱内容

預金内容			取扱内容	
	預金種類	口座番号	取扱方法	相続人（又は受遺者）
①	普通預金	123456	払戻・名義変更	ひかり 花子

【ゆうちょ銀行の書式】

> 名義書換えと払戻しで書式は異なります。

書類記号：A-1　貯金等相続手続請求書（名義書換請求書）　Webサイト用　日附印

ゆうちょ銀行

第2編　第5章　名義変更手続きあれこれ

第5章

2. 株式の相続手続き

> 上場株式と非上場株式では相続の際の手続きの方法が異なります。上場株式は証券会社で、非上場株式は発行会社で手続きを行います。

株式の相続手続き

被相続人が証券会社に口座を開設して取引をしていた場合、相続人がそのまま取引口座を引き継ぐことはできません。相続人の取引口座に有価証券の移管を受けます。もし、相続人に取引口座がない場合は、新たに口座を開設して移管を受けます。

上場株式の相続手続き

上場株式の相続手続きは、被相続人が取引をしていた証券会社に連絡をとり、送付された所定の相続手続書類に必要事項を記入し、必要書類とともに提出します。証券会社で書類確認の後、相続人指定の口座に上場株式が移管されます。

【証券会社への提出書類】

①	証券会社所定の相続手続依頼書類
②	被相続人の出生から死亡まで連続した戸籍謄本（相続人全員を確認できるもの）
③	相続人全員の印鑑登録証明書

財産の分割、相続人の状況などにより必要書類は異なりますので、個別に確認してください。

証券会社が書類を確認し、不備・不足などがなければ、相続人の口座に移管されます。

非上場株式の相続手続き

非上場株式は取引する市場がないので、それぞれの株式会社で相続手続きを行う必要があります。株式会社によって手続きは異なりますので、直接問い合わせてください。

■ 相続手続依頼書記載例

> 証券会社・発行会社ごとに書式は異なります。

相続届

ひかり証券株式会社　御中

お届出日	平成 30 年 5 月 31 日
被相続人住所	京都市中京区ひかり町1－1
被相続人氏名	ひかり　太郎

　上記被相続人の平成 30 年 5 月 1 日死亡に伴い、同人と貴社との取引に関わる相続手続については、下記により行うこととなりましたので、相続人等関係者が署名、押印のうえ必要書類を添付してお届けします。

(相続人)・受遺者・遺言執行者

おところ	京都市中京区ひかり町1－1	
おなまえ	ひかり　花子	ひかり花子 実印
被相続人との続柄	（　　妻　　）	
おところ	京都市中京区ひかり町2－1	
おなまえ	ひかり　一郎	ひかり一郎 実印
被相続人との続柄	（　　長男　　）	
おところ	京都市中京区ひかり町1－1	
おなまえ	ひかり　望	ひかり望 実印
被相続人との続柄	（　　長女　　）	

> 相続人全員が署名し、実印を押印します。

1．手続きの内容（該当に○）

(1) 共同相続人の協議により下記2のとおり承継します。
((2)) 別途提出の遺産分割協議書により下記2のとおり承継します。
(3) 遺言により下記2のとおり承継します。
(4) その他（　　　　　　　　　　　　）

2．お取引の明細

承継人（相続人）名	金　　額
ひかり　一郎	全　　額

第2編

第5章　名義変更手続きあれこれ

3. 生命保険金の請求手続き

> 亡くなった社長が生命保険に加入していた場合、保険会社に速やかに連絡しなければなりません。そのためにも事前に保険会社の連絡先などの情報を把握しておくことが大切です。

生命保険の相続手続き

被相続人が生命保険に加入していた場合、保険会社に連絡をとり、死亡保険金・入院給付金・手術給付金などの請求や保険契約者・保険金受取人の名義変更などの相続手続きをする必要があります。一般的には支払いの請求をしなければ、保険金を受け取ることはできません。

生命保険会社での死亡保険金の請求手続き

生命保険会社での死亡保険金の請求は、保険証券に記載されている保険金受取人が生命保険会社に連絡をとり、送付された「請求書」に必要事項を記入し、必要書類とともに提出します。生命保険会社の審査の後、死亡保険金が支払われます。

【保険会社への提出書類】

①	死亡保険金請求書
②	保険証券
③	死亡診断書または死体検案書
④	被保険者の住民票（死亡記載のあるもの）
⑤	保険金受取人の戸籍抄本

死亡の原因や生命保険会社により必要書類は異なりますので、個別に契約先の保険会社に確認してください。

■ 死亡保険金請求書記載例

> 保険会社ごとに書式は異なります。

保険金・給付金等請求書

ひかり生命保険株式会社　御中

貴社の普通保険約款にもとづき、保険金・給付金等を請求いたします。

請求日（記入日）　　平成 30 年 5 月 31 日

> 保険証券記載事項を確認して記入します。

ご請求の保険契約等

被保険者名	ひかり　太郎

保険種類	証券番号
終身保険	（123）4567890

請求人（受取人）の氏名・住所等

氏　名 （自　署）	フリガナ　ヒカリ　ハナコ ひかり　花子	請求印 ひかり花子
住　所	フリガナ　キョウトシナカギョウクヒカリマチ 〒604-1234 京都市中京区ひかり町1-1	
日中の連絡先	075-123-4567	

振込先指定

下記の口座を指定します。

ゆうちょ銀行以外の金融機関	ひかり	ⓢ銀　行／労働金庫 信用金庫／農　協 信用組合	京都	本　店 ⓢ支　店 出張所
	口座種目 ①.普通　2.当座　3.貯蓄		口座番号　123457	
ゆうちょ銀行	記号			通帳番号
口座名義人	ひかり　花子			

第2編

第5章　名義変更手続きあれこれ

159

第5章

4. 団体信用生命保険に関する手続き

住宅ローンの返済途中で社長が亡くなった場合、団体信用生命保険が本人に代わって住宅ローン残高を支払います。

団体信用生命保険への加入確認

住宅ローンを支払っている社長本人が亡くなった場合、ご家族が現在返済中の金融機関に連絡し、団体信用生命保険（共済）の加入の有無を確認してください。

団体信用生命保険に加入していれば、死亡保険金が支払われ、住宅ローンが完済されるからです。

団体信用生命保険の弁済届

```
融資先の金融機関に連絡
```
　　加入状況および手続きに必要な書類などを確認します。

```
必要書類を準備して金融機関に提出
```
　　金融機関の指示に従って必要書類を準備します。

> ① 団信弁済届
> ② 死亡診断書または死体検案書
> ③ 被保険者の住民票（死亡記載のあるもの）

```
死亡保険金が金融機関に直接支払われて住宅ローン完済
```
　　提出書類をもとに生命保険会社が支払可否の審査を行います。
　　審査が通れば住宅ローンが全額返済されます。

COLUMN 生命保険の保険金請求の時効

生命保険の保険金請求の時効は、保険法により支払事由発生から3年と定められています。保険会社は保険金の請求があると、支払事由に該当するかどうかの調査を行いますが、この調査は時間の経過とともに困難になることから、保険金請求権の時効を3年としたようです。したがって、保険金の請求に関しては、速やかに手続きをするようにしましょう。

■ 団信弁済届記載例

帳票団7-1

[死亡用]　　　　　　　　　　　　　　　届出日　平成 30 年 5 月 31 日

団信弁済届

独立行政法人住宅金融支援機構　御中

債務弁済充当（委託）約款に基づき、下記【団信弁済の届出にあたっての確認事項】及び「団信弁済パンフレット」の内容を了承の上、届出をします。

届出内容

死亡日	平成 30 年 5 月 1 日

団信加入者（被保険者）

フリガナ	ヒカリ　タロウ	性別	☑男　□女
氏名	ひかり　太郎	生年月日	☑昭和　□平成　25年4月3日

届出者

フリガナ	ヒカリ　ハナコ	団信加入者との関係	☑1 配偶者 □2 親族（　　） □3 その他（　　）
氏名	ひかり　花子 (印)		
フリガナ	キョウトシナカギョウクヒカリマチ		
住所	〒604-1234　京都市中京区ひかり町1-1		
電話番号	(075)-(123)-(4567)	※日中ご連絡がとれる電話番号をご記入ください。	

【団信弁済の届出にあたっての確認事項】

- 今般ご提出いただいた個人情報については、「団信弁済パンフレット」に記載の「個人情報の取扱いについて」によりお取扱いいたします。
- 必要に応じて生命保険会社（もしくは生命保険会社の委託会社）より、直接ご家族・主治医等に照会や確認を行うことがあります。あらかじめご了承ください。
- 債務の完済が決定するまで、機構等へのご返金は、これまでどおり相続人さまにおいて継続してください。審査の結果、債務の完済が決定した場合、死亡日（保険事故日）以後にお支払いいただいた返済金等は、後日別途相続人さまに返金いたします。
- 債務弁済が行われた後に、他の届出内容でご請求はできませんので、ご注意ください。
(注)保険引受が全共連の場合は、保険を共済と読み替えてください。

【金融機関記入欄】　(注)併せ貸しの有無をご確認ください。

金融機関名	
被保険者番号 （または顧客番号）	
備考欄	(注)団信弁済返戻金の返金先を償還金口座以外とする場合は、「振替口座（変更）届（死亡用）」(帳票共9-3)をご提出いただくようお願いいたします。

第2編　第5章　名義変更手続きあれこれ

161

第5章

5. 自動車の名義変更手続き

> 亡くなった社長の個人名義の自動車は、社用車として使用していた場合でも相続財産に含まれます。

自動車の相続手続き

　社長が亡くなった際、社長の個人名義の自動車は、相続人全員の共有財産となります。したがって、名義変更を行わないと自動車を売却したり廃車ができなくなるなどの不都合が生じますので、適切なタイミングで名義変更を行っておく必要があるでしょう。

必要書類

	新所有者を含む相続人全員が手続きを行う場合	遺産分割協議により、代表相続人（新所有者となる相続人）が手続きを行う場合
①	自動車検査証	
②	戸籍（除籍）謄本（被相続人の死亡の事実と相続人の全員が確認できるもの）	
③	車庫証明書（被相続人と新所有者となる相続人が同居家族の場合は不要）	
④	相続人全員の印鑑証明書	遺産分割協議書（相続人全員が実印を押印したもの）
⑤	相続人全員の実印または委任状	代表相続人の印鑑証明書
⑥	新所有者以外の相続人全員の譲渡証明書	代表相続人の実印または委任状

遺産分割協議書の書き方

　遺産分割協議書を作成する場合は、以下の各項目を記載する必要があります。
　各項目は、車検証に記載されていますので、確認して作成しましょう。

①車名…………車の名前
②登録番号……ナンバープレートの番号
③型式…………車の型式
④車台番号……車の番号

■ 遺産分割協議書作成例

遺産分割協議書

　平成30年5月1日 所有者 ひかり　太郎 の死亡により相続を開始し、相続人全員で遺産分割協議を行った結果、次の自動車を ひかり　一郎 が相続することに協議が成立しました。

　　車名　　　　（カウディ）
　　登録番号　　（京都300あ422）
　　型式　　　　（ABA－4HCDRF）
　　車台番号　　（WAUZZZ 4 HABN016999）

> 被相続人の方を記入します。
> 相続される方を記入します。
> 車検証記載の項目を記入します。

平成30年 5月 30日

相続人

住所	京都市中京区ひかり町2-1	住所	京都市中京区ひかり町1-1
氏名	ひかり　一郎　㊞	氏名	ひかり　花子　㊞
住所	京都市中京区ひかり町1-1	住所	
氏名	ひかり　望　㊞	氏名	印
住所		住所	
氏名	印	氏名	印

6. 不動産の名義変更手続き

> 社長が亡くなった場合、社長名義の不動産については、管轄の法務局へ相続による名義変更の申請をすることによって、相続人名義への相続登記が行われます。

相続登記は、相続税の申告とは異なり、いつまでに申請しなければならないという期限はありません。期限がない以上、放置しておいても罰則はありませんから、あえて相続登記をしない人も少なくありません。

ただし、不動産を売却する場合や、不動産を担保に融資を受ける場合には、相続登記をして相続人名義に変更しておく必要があります。また、相続登記をせずに長期間放置しておくと、下表に掲げるような不都合が生じるおそれもありますので、相続登記は早めに済ませた方がよいでしょう。

■ 不動産の相続登記手続き

申請する場所	名義変更する不動産を管轄する法務局に申請します。 法務局の管轄は各都道府県の法務局のホームページから調べることができます。
申請する人	相続によって不動産を取得する相続人が申請します。
申請期限	期限はなく、いつでも申請することができます。ただし、長期間放置しておくと次のような不都合が生じる可能性があります。 ・相続登記に必要な被相続人の除籍謄本や住民票が、役所の保存期間経過によって取得不可能になってしまう。 ・相続人にさらに相続が発生し、相続人が多数になり、権利関係が複雑になる。
必要書類など	・相続登記申請書 　次ページの記載例を参考にしてください。 ・登記原因証明情報 　遺言書、遺産分割協議書のほか、被相続人の出生から死亡までの除籍・戸籍・原戸籍、相続人の戸籍・印鑑証明書など ・住所証明書 　相続する相続人の住民票 ・固定資産税評価額がわかる書類 　評価証明書や固定資産税納税通知書の課税明細書 ・登録免許税 　固定資産税評価額の0.4%

■ 登記申請書記載例

> この記載例は、相続人である親と子の2人が遺言により、相続財産中の不動産をそれぞれ1/2ずつ相続したものとして例示しています。

※受付シールを貼るスペースになります。この部分には何も記載しないでください。

登記申請書

登記の目的　　所有権移転

原　　　因　　平成30年5月1日相続

相　続　人　　（被相続人　ひかり　太　郎）

（申請人）　　京都市中京区ひかり町2-1
　　　　　　　持分2分の1　ひかり　一　郎　㊞
　　　　　　　連絡先の電話番号　075-123-5678

（申請人）　　京都市中京区ひかり町1-1
　　　　　　　持分2分の1　ひかり　花　子　㊞
　　　　　　　連絡先の電話番号　075-123-4567

添 付 情 報
　登記原因証明情報　住所証明情報

☑登記識別情報の通知を希望します。

平成30年6月25日申請　京都地方法務局

課 税 価 格　金8,000万円

登録免許税　金32万円

不動産の表示
　不動産番号　1234567890123
　所　　在　　京都市中京区ひかり町1丁目
　地　　番　　1番
　地　　目　　宅地
　地　　積　　185.23平方メートル

　不動産番号　0987654321012
　所　　在　　京都市中京区ひかり町1丁目1番地
　家屋番号　　1番
　種　　類　　居宅
　構　　造　　木造かわらぶき2階建
　床　面　積　　1階　93.00平方メートル
　　　　　　　　2階　71.34平方メートル

第5章

7. ゴルフ会員権の名義変更手続き

> ゴルフ場の会員であった社長が亡くなった場合、その会員権は保持しているだけでは権利を保障されませんので、会員権の所有者を変更する名義書換手続きが必要となります。

ゴルフ会員権の相続手続き

　亡くなった社長がゴルフ会員権を所有していた場合、名義変更の手続きが必要となります。

　ゴルフ場によっては、すでに経営破綻していたり、買収や合併などで当初の会員証の券面に記載されている会社ではなくなっている可能性もありますので、まずは該当のゴルフ場に連絡のうえ、確認することから始めましょう。

ゴルフ会員権の名義変更手続方法

会員証の券面記載事項を確認し、ゴルフ場へ連絡

ゴルフ場名、発行日および証券番号、発行会社名、額面、表面記載の名義人、裏面の記載事項などを確認し、名義変更したい旨を連絡します。

ゴルフ場所定の用紙に記入し、必要書類を添えて提出

ゴルフ場への提出書類は次のとおりです。

① 名義書換えの申請書
② 会員権証書
③ 被相続人の出生から死亡まで連続した戸籍謄本
④ 相続人全員の現在の戸籍謄本
⑤ 遺産分割協議書
⑥ 相続人全員の印鑑登録証明書（発行から3か月以内）

ゴルフ場承認後、名義書換料を支払い、手続き完了

■ 名義書換申請書記載例

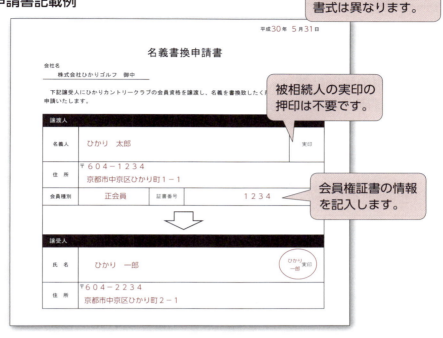

COLUMN ゴルフ会員権の名義書換料

　ゴルフ会員権の名義書換料はゴルフ場によって異なります。中には、会員権の価格よりも名義書換料の方が高いといったケースも見受けられますが、これは、名義書換料がゴルフ場運営会社にとって貴重な収入源になっているという「お家の事情」があるからです。

　もっとも、相続にかかる名義書換料は通常の売買に伴う名義書換料よりも安く設定されている場合が多いようですので、少し安心です。

　なお、ゴルフ会員権は複数人の名義にはできませんから、相続人が複数いる場合は分割協議で相続人を特定する必要があります。また、会員資格に年齢制限が設けられていたり、他のゴルフ場の会員であることが条件になっていたりなどの入会規約が設けられている場合もありますので、相続する場合は、これらの条件について事前に確認しておく必要があります。

第6章 相続税に関する基本的理解

1. 相続財産の評価の決め方

> 相続税の税額計算は、相続される財産の価額を算定すること（相続財産の評価）から始めます。相続財産の評価は、原則として相続時の時価によります。

財産評価とは

相続税額を計算する場合、一定のルールに従って相続財産を評価します。この作業を財産評価といい、求められた財産評価額を相続税評価額といいます。

個々の財産をどのように評価するかによって相続税額も違ってくるわけですから、とても大事な作業といえます。

相続税評価額は、被相続人が亡くなった時（相続開始日）の時価によるものとされています。そのため、相続税の申告期限までに時価の変動があったとしてもそのことは考慮しません。

時価とは、第三者との売買価額をいいますが、財産の売買価額を把握することは困難であることが多いため、ほとんどの財産は、国税庁が定める「財産評価基本通達」によって評価方法が定められており、その評価方法に従って評価した金額を時価とみなして相続税を計算することになります。

財産の種類や利用状況による評価の違い

普通預金で1億円所有している場合、その評価額は1億円そのものですが、この1億円で土地を購入すると、8,000万円程度の評価額となります。これは、相続による土地の評価が、取引価額のおおよそ80％となるように設定されているためです。さらに、その土地を第三者に貸し付けると、借地権割合分だけ評価が減額されます。

このように、財産の「種類」や「利用状況」によって、相続税評価額は大きく変わります。相続税対策としてよく話題になる賃貸アパートの建築は、こうした評価方法の違いに着目したものといえます。

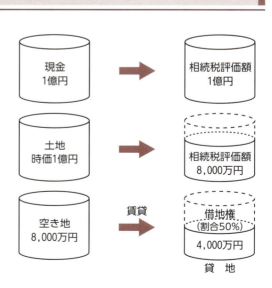

相続財産の評価方法

具体的な評価方法は、相続財産の種類ごとに定められており、この相続税評価額に対して相続税が課税されます。

なお、財産評価にあたっては、所定の評価明細書を使用し評価を行います。

評価財産		評価の仕方	評価明細書の種類
現金・預金		①定期預金 死亡時点の預金残高に利息（手取り金額）を加算した金額	定期預金・貸付信託などの評価明細書
		②普通預貯金など（①以外） 死亡時点の残高	定期預金・貸付信託などの評価明細書
株式	上場株式	死亡時点の株価、死亡時点の月平均株価、死亡時点の前月の月平均株価、死亡時点の前々月の月平均株価のうち最も低い金額	上場株式の評価明細書
	非上場株式	①類似業種比準価額 同業種の上場株式の評価をもとに評価する方法	取引相場のない株式（出資）の評価明細書
		②純資産価額 会社の純資産価額をもとに評価する方法	
		③配当還元価額 2年間の配当金の平均をもとにして評価する方法	
ゴルフ会員権		死亡時点の取引価額の70％相当額	—
土地 (宅地、田、畑、山林などの地目ごとに評価します)		①路線価方式 国税局が発表する1㎡あたりの路線価に地積を乗じて算出する方法（形状などにより一定の加減額があります）	土地および土地の上に存する権利の評価明細書など
		②倍率方式 路線価が定められていない土地については、固定資産税評価額に、地域ごとに決められている一定倍率を乗じて算出する方法	
貸している宅地		上記宅地の評価から借地権割合（50～70％程度）分だけ評価額が減額されます。	
建物		固定資産税評価額	家屋の評価明細書
貸付け用の建物		固定資産税評価額から借家権割合（30％）分だけ評価額が減額されます。	

第6章 相続税に関する基本的理解

第6章

2. 相続税額の計算

> 相続税額は、実際に誰が何をどのように相続したかに関係なく、遺産の総額と相続人数、法定相続割合といった客観的基準で総額を算出します。その総額を相続人が実際に相続した割合で按分し、各自が納める相続税額を計算します。

　人の死亡をきっかけとして、個人の財産を配偶者や子どもたちが受け継いだとき、この財産の移転に着目して課税されるのが相続税です。家族の財産を受け継いだだけなのに、なぜ税金がかかるのだろうと首をかしげる方も多いかと思いますが、これには相続税の課税目的である富の再配分機能が大きく関わっています。少し乱暴な言い方ですが、親が資産家で多額の遺産を手にして生活をしている人がいる一方で、親からの援助なく自ら汗して働いている人がいるのは社会的に不平等であり、多額の遺産を引き継いだ人からは応分の税金を徴収して社会に還元しようということなのです。

相続税の計算のしくみ

　相続は被相続人が所有していた土地や現預金といったプラスの財産だけでなく、その被相続人の借入金などのマイナスの財産も基本的に引き継がなければなりません。

　したがって、プラスの財産からマイナスの財産を差し引いた正味の遺産総額（次ページのSTEP①）を求め、その正味遺産総額が基礎控除額を超えた場合に相続税がかかることになります（STEP②）。

　言い換えれば、正味遺産総額が基礎控除額以下であれば相続税が課税されることはありません。

　この場合の基礎控除額は、具体的には次の算式により計算した金額になります。

基礎控除額 ＝ 3,000万円 ＋ 600万円 × 法定相続人の数*

＊ここでいう法定相続人の数とは、相続する権利がある人の数をいい、その範囲や順番は、民法で定められています。この数は実際に財産を相続したかどうかや、相続そのものを放棄したかに関係ありません。

　次に、その基礎控除額控除後の課税遺産額を法定相続人がそれぞれ法定相続分に従って相続したものと仮定した金額に相続税の税率（相続税速算表を用います）を乗じて相続税の総額を計算します（STEP③）。なお、あくまで仮定計算ですので、法定相続人が実際に財産を取得しているか否かは無関係です。

　続いて、各相続人は、この相続税の総額を実際に相続した財産の割合に応じて負担することになります（STEP④-1）。

　最後に、相続税額の2割加算や配偶者の

税額軽減、障害者控除などの控除を行い、各相続人の納付税額を計算します（STEP ④-2）。

■ 相続税の計算の流れ―― 4 つのステップ

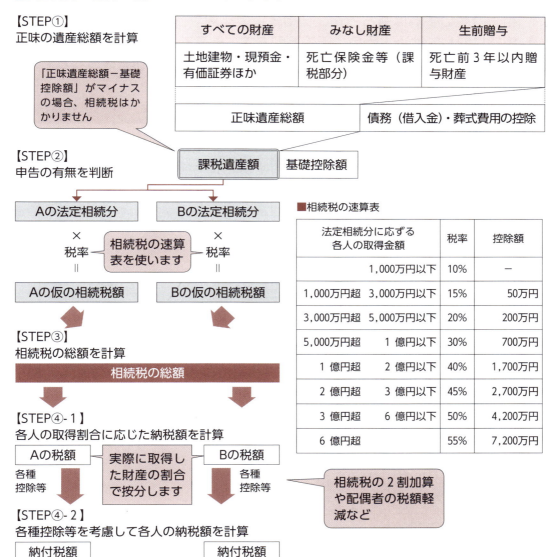

COLUMN 相続税対策としての養子縁組

　基礎控除額は、法定相続人の数が多いほど大きくなり、課税される財産は、その分少なくなります。そこで、相続税対策のため、孫などと養子縁組をして相続人の数を作為的に増やすという方法が考えられます。しかし、相続税の計算では、法定相続人に含めることができる養子の数に制限があるので注意が必要です。

第6章

3. 相続税の軽減と加重のしくみ

> 相続財産の多寡はもちろん、被相続人の年齢や各相続人の状況など、相続に関しては十人十色、千差万別です。そこで、こうした様々な事情に対応するために、相続税についても税額の軽減や加重が行われています。

相続財産の多寡はもちろん、被相続人の年齢や各相続人の状況など、相続はまさに千差万別です。そこで、こうした様々な事情に対応するために、相続税の計算にあたっては、各種の税額控除などが設けられています。これは、相続税申告書第1表に記載されています。

■ 第1表　相続税の申告書（各種控除など）

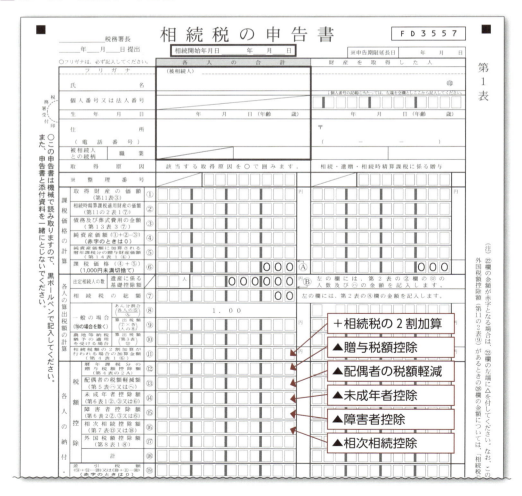

相続税の軽減と加重の内容

	項　目	適用対象者	軽減・加重される金額
軽減	配偶者の税額軽減（配偶者控除）	被相続人の配偶者（内縁関係者は適用なし）	配偶者が実際に取得した財産のうち、1億6,000万円と配偶者の法定相続分のいずれか多い金額までは相続税がかからない
	未成年者控除	相続や遺贈で財産を取得したときに20歳未満である法定相続人	10万円×（20歳－相続時の年齢）
	障害者控除	相続や遺贈で財産を取得したときに障害者である法定相続人で日本国内に住所がある人	10万円*×（85歳－相続時の年齢） ＊特別障害者については20万円
	相次相続控除	10年以内に相次いで相続が発生した場合、1度目の相続で負担した相続税額のうちの一定額を2度目の相続での相続税額から控除するしくみ	
	贈与税額控除	・被相続人が亡くなる前3年以内に被相続人から贈与を受けた財産は相続税の課税財産に含めて計算するため、納付済の贈与税について相続税から控除するもの ・相続時精算課税制度を利用したことによって課税された贈与税についても同様に相続税から控除して調整	
加重	相続税額の2割加算	相続や遺贈によって財産を取得した人が被相続人の配偶者や1親等の血族以外の場合	相続税額の2割

COLUMN 配偶者控除による税額軽減のホンネ

相続税の税額軽減（配偶者控除）が導入されている趣旨として次のように説明されます。

① 残された配偶者の将来の生活資金を確保する必要性があること。
② 名義はともかく相続財産は夫婦の協力で形成されたものであること。

確かに、そのとおりですが、夫婦の多くは同一世代であることから近い将来に必ず次の相続が発生し、相続税の課税機会を失うことはないというのが課税者側のホンネです。

したがって、配偶者控除は、残された配偶者の相続税を軽減できるとはいえ、後日この配偶者の財産を相続する人の相続税の負担がかえって重くなるリスクがあります。その意味で、目先の税額軽減のためだけに控除枠を利用するのは、あまりおすすめできません。

第6章

4. 小規模宅地の特例①：居住用宅地

> 小規模宅地の評価減額の特例は、相続税を納めるために自宅を手放す事態を避けるための制度です。

たとえば、都心部に土地を所有していると、場合によっては何億円という相続税評価になって、相続税が納められなくなるというケースがあり得ます。そうなるとその土地を手放すことも考えなくてはなりません。そこで、マイホームであれば相続人が引き続き居住できるようにという配慮から、自宅の宅地については相続税評価額の最大8割まで減額できる制度が小規模宅地の評価減額の特例です。

特定居住用宅地とは

マイホームの敷地に係る小規模宅地の評価減額の特例は、被相続人などが住んでいた土地で下記の条件を満たした場合、その敷地のうち330m²までの部分について評価額が80％減額されるというものです。

＊小規模宅地の評価減額の特例により遺産の相続税評価額を計算して基礎控除額を下回った場合、相続税として納める税金はゼロになりますが、「申告をしなくていい」というわけではありません。この特例を利用するために申告は必要になりますので、注意が必要です。

■ 特定居住用宅地の要件

区　分	取得者	要　件
被相続人の マイホームの敷地	配偶者	特になし
	同居親族	相続税の申告期限まで所有＋居住の継続
	同居していない親族 （家なき子特例）	①被相続人に配偶者や同居の相続人なし ②その相続人は相続開始前3年以内に持ち家に住んでいない ③その相続人が相続税の申告期限まで所有を継続　　　　　　　（次ページも参照）
同一生計親族の マイホームの敷地	配偶者	特になし
	同一生計親族	相続税の申告期限まで所有＋居住の継続

家なき子特例の改正

別居している相続人は、同居してから相続することにより特定居住用宅地の減額を受けることができますが、現実の生活状況によっては同居が困難な場合もあります。離れた親がひとり暮らしの場合には、相続人の自宅をあえて賃貸にして持ち家なしのいわゆる「家なき子」の状況にし、特定居住用宅地の要件を作り出すという節税方法も従来は考えられたのですが、平成30年4月1日以後、「家なき子特例」の要件が厳格化されました。

すなわち、原則として平成30年4月1日以後は、①相続開始前3年以内にその相続人の3親等内の親族やその相続人と特別の関係にある法人が所有する国内の家にその相続人が居住していた場合、②相続開始時に居住していた家を過去に所有していたことがある場合については「家なき子特例」の対象から除外されます。

なお、小規模宅地の評価減額の特例を利用する場合、次の相続税申告書の第11・11の2表の付表1に記載する必要があります。

【手順1】
特例の対象となり得る宅地等を取得したすべての人の氏名を記入します。

【手順2】
適用する小規模宅地等の特例の種類を右記の①〜④から選んで記入します（たとえば、自宅の場合は「1」になります）。

【手順3】
取得者の氏名、所在地番、面積、価額等を①〜⑧の説明に従って記入します。
また、「⑧課税価格に算入する価額」を相続税申告書の第11表に転記します。

【手順4】
手順3で記入した⑤の面積を記入し、「限度面積要件」の確認をします。

第6章

5. 小規模宅地の特例②：事業用宅地

小規模宅地の評価減額の特例は居住用だけでなく、店舗や賃貸マンションなど事業を営んでいる土地についても適用できます。

被相続人または同一生計の親族が事業を行っていた土地（借地権を含む）で一定の要件を満たしたものについては、特定事業用宅地として、その土地のうち400㎡までの部分について相続税評価額が80%減額されます。また、賃貸マンションや駐車場などのように不動産の貸付けに使われている土地は、貸付事業用宅地として、その敷地のうち200㎡までの部分について相続税評価額が50%減額されます。

特定事業用宅地に対する特例

被相続人やその同一生計親族が事業を行っている土地に対して、次の要件に該当すれば特定事業用宅地として400㎡までの部分について相続税評価額が80%減額されます。ただし、不動産貸付業や駐車場業などの貸付事業に用いられている土地（貸付事業用宅地）は除かれます。

区　分	取得者	要　件
被相続人の事業用の敷地	親　族	①相続税の申告期限までに事業を引き継ぎ、継続すること ②相続税の申告期限まで所有すること
同一生計親族の事業用の敷地	同一生計親族	①相続税の申告期限まで事業を継続すること ②相続税の申告期限まで所有すること

特定同族会社事業用宅地に対する特例

被相続人の所有していた土地を、特定同族会社（被相続人・被相続人の親族・その他被相続人と特別な関係にある者が、発行済株式の50%超を有している会社）に貸し付けている場合は、その土地については特定同族会社事業用宅地として400㎡までの部分について評価額が80%減額されます。ただし、土地を引き継いだ親族が相続税の申告期限までに、その法人の役員になっておく必要があります。

(例) 発行株式総数1,000株

続　柄	保有株式数	割　合
長男（代表取締役社長）	300株	30%
被相続人本人（取締役）	300株	30%
妻（取締役）	200株	20%
その他（従業員など）	200株	20%

合計80％＞50％
判定：特定同族会社

貸付事業用宅地に対する特例

賃貸マンションや駐車場などの貸付事業用で、次の要件に該当すれば、その土地のうち200㎡までの部分について相続税評価額が50％減額されます。

区　分	取得者	要　件
被相続人の貸付け用の敷地	親　族	①申告期限までに事業を引き継ぎ、継続すること ②申告期限まで所有すること
同一生計親族の貸付け用の敷地	その同一生計親族	①申告期限まで事業を継続すること ②申告期限まで所有すること

＊平成30年度の税制改正により、平成30年4月1日以後に開始する相続から、相続開始前3年以内に貸付けを開始した土地は貸付事業用宅地の特例から除外されることとなりました。
ただし、相続開始前3年を超えて事業的規模で貸付事業を行っている人や、平成30年4月1日より前に貸付けを開始した土地であれば、適用は可能で、除外されません。

特例適用可能な土地が複数ある場合の対応

特定事業用宅地（特定同族会社事業用宅地を含みます。）と特定居住用宅地について適用を併用する場合は、それぞれの限度面積まで適用が可能です（最大730㎡）。

ただし、貸付事業用宅地を入れて小規模宅地の評価減額の特例を適用する際は、下表の算式で限度面積の調整を行う必要があります。

特定事業用宅地の面積＝A、特定居住用宅地の面積＝B、貸付事業用宅地の面積＝C

選択する宅地	限度面積
特定事業用宅地のみ	A ≦ 400㎡
特定居住用宅地のみ	B ≦ 330㎡
特定事業用宅地 ＋ 特定居住用宅地	A ＋ B ≦ 730㎡
貸付事業用宅地のみ	C ≦ 200㎡
特定事業用宅地・特定居住用宅地 ＋ 貸付事業用宅地	$\left[Aの面積 \times \dfrac{200㎡}{400㎡}\right] + \left[Bの面積 \times \dfrac{200㎡}{330㎡}\right] + Cの面積 \leq 200㎡$

第6章

6. 上場株式の評価

> 上場株式とは、金融商品取引所に上場されている株式をいいます。取引所における時価が容易にわかることから、それを基準にして評価します。

　株取引をできる時間は、土日祝日を除く午前9時から午前11時30分までと、午後12時30分から午後15時までとなっています。この時間帯に株式市場が開いていますので、株価は刻一刻と変動してします。その場合の株価評価はどのようにするのでしょうか。

　相続税の財産評価は、原則は亡くなった日の時価評価をするのですが、上場株式の評価は下記の①～④のうち最も低い価格を1株あたりの金額として評価します。

①課税時期の最終価格
②課税時期の月の毎日の最終価格の平均額
③課税時期の月の前月の毎日の最終価格の平均額
④課税時期の月の前々月の毎日の最終価格の平均額

＊課税時期とは、被相続人が亡くなった日を指します。

　これに、所有している株式数を乗じたものが、上場株式の評価額になります。なお、手持ちの株式数は、証券会社などから送られてくる配当金計算書で確認ができます。

上場株式の評価額＝株式数×上記①～④の最も低い価格

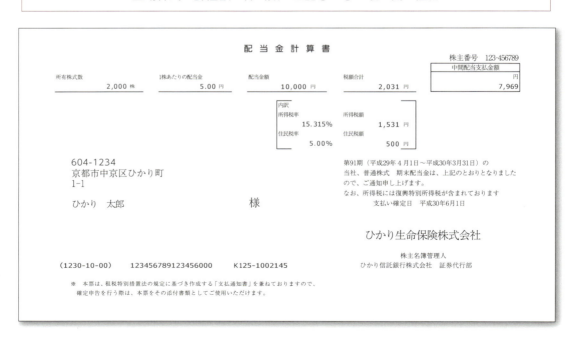

たとえば、ひかり生命保険株式会社の株を2,000株持っており、被相続人が平成30年5月1日に亡くなった場合の上場株式の評価額は次のように計算します。

① 5月1日の終値：2,000円
② 5月の毎日の終値の平均額：1,800円
③ 4月の毎日の終値の平均額：1,600円
④ 3月の毎日の終値の平均額：1,900円

この場合、相続開始日である亡くなった日の終値は2,000円であっても、①～④の中で最も低い価格である③の1,600円が1株あたりの評価額になります。

上場株式の評価額＝2,000株×1,600円

したがって、この上場株式の評価額は320万円になります。

複数の銘柄を所有している場合は、一つひとつ上記のように株価計算をしていきます。

なお、上場株式の評価は税務署所定の「上場株式の評価明細書」に記入して評価を行い、上記例を評価明細書に記載すると下記のようになります。

銘柄	取引所等の名称	課税時期の最終価格 月日	①価額	最終価格の月平均額 課税時期の属する月 ② 5月	課税時期の属する月の前月 ③ 4月	課税時期の属する月の前々月 ④ 3月	評価額 ①の金額又は①から④までのうち最も低い金額	増資による権利落等の修正計算その他の参考事項
ひかり生命保険株式会社	東1	5・1	2,000円	1,800円	1,600円	1,900円	1,600円	2,000株 3,200,000円

第6章
7. 相続税申告書の作成と提出

相続人の確定と相続財産の評価ができたら、相続税の申告書を作成してみましょう。難しいようなら税理士に相談してください。

　すべての相続財産の評価額を算出した結果、合計金額が相続税の基礎控除額を超える場合には相続税の申告書の提出と納税が必要になります。申告書の提出は相続開始（死亡日）の翌日から10か月以内ですので、相続財産の評価ができて遺産分割が確定したら速やかに作成しましょう。

　相続税の申告書は納税が必要な人だけでなく、配偶者の税額軽減や小規模宅地の減額の特例を使って納税がゼロになる人も提出しなければなりません。さらに、申告期限までに遺産分割が調わなくても、未分割の状態で申告書を10か月以内に提出して納税しなければならないので注意が必要です。

　申告書は申告が必要な相続人全員が共同で作成して提出するのが理想ですが、どうしても一緒に提出できない場合には、別々に作成して提出することも可能です。

相続税の申告書提出のポイント

	項　目	内　容
①	提出先	被相続人の住所地の所轄税務署
②	提出期限	死亡日の翌日から10か月以内
③	提出する人	被相続人から相続や遺言で財産を受け取った人のうち (i) 納税金額がある人 (ii) 配偶者の税額軽減や小規模宅地の減額の特例を使う人
④	提出必要書類	・相続税の申告書 ・被相続人のすべての戸籍・相続人全員の現在戸籍など 　⇒すべての相続人を明らかにする書類 ・相続人全員の印鑑証明書（分割協議の場合） ・遺産分割協議書の写しまたは遺言書の写し ・マイナンバー確認書類および身元確認書類
⑤	添付参考資料	・各種財産の評価明細書（土地、有価証券、非上場株式など） ・被相続人の住民票の除票、相続人の住民票 ・不動産登記簿謄本、固定資産税の課税明細書、地図、公図 ・預貯金や有価証券の残高証明書 ・その他財産や債務の内容がわかる書類

相続税の申告書の記載内容や順序

相続税の申告書は計算書や明細書など様々な種類があり、一般的なものだけでも第1表から第15表まであります。

まずは相続税のかかる財産や債務について第9表から第15表を作成し、課税価格の合計額や相続税額を第1表と第2表で計算します。そこから加算する金額や控除できる金額を計算するために第4表から第8表を作成し、最後に第1表に戻って各人の納付する相続税額を計算します。

このように相続税の申告書の作成はかなり複雑で、さらに計算根拠となる評価明細書や資料も添付しなければならないので、期限内に提出するためにも、専門家である税理士に相談されることを是非おすすめします。

■ 相続税の申告書の別表関係と記載順序

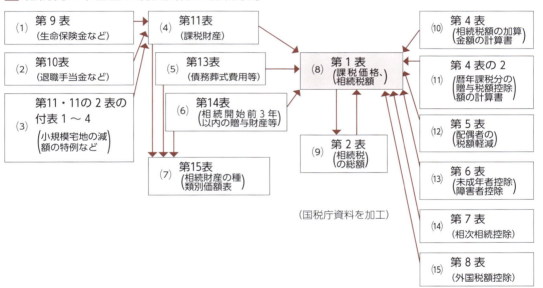

■ 相続税申告書第1表記載例

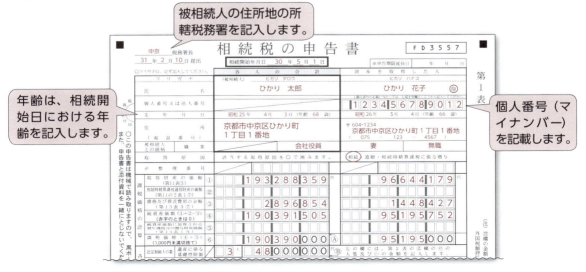

第6章

8.相続税の納税

相続税は申告期限までに、現金での一括納付が基本です。ただし、困難な場合には延納や物納という方法があります。

　相続税は個人に課せられる税金の中でも負担の大きな税金のひとつですが、税額が高額になったとしても、申告期限までに現金での一括納付が基本になります。申告期限までに申告書の提出が完了していても、納税が完了しなければ利息に相当する延滞税がかかる場合や、他の相続人が支払いの義務を負う場合がありますので注意してください。

　納税は税務署または金融機関や郵便局の窓口で行うことができます。また、クレジットカードでの納付も可能になりましたが、納税額に応じて決済手数料が発生しますので、注意が必要です。

納付先	被相続人の住所地の所轄税務署、金融機関・郵便局の窓口
納付する人	財産を相続した人の中で納税額のある人
納付書	税務署所定の様式 金融機関や郵便局の窓口にある場合もあります
納付期限	死亡日の翌日から10か月以内（申告書の提出期限と同じ）

■ 納付書記載例

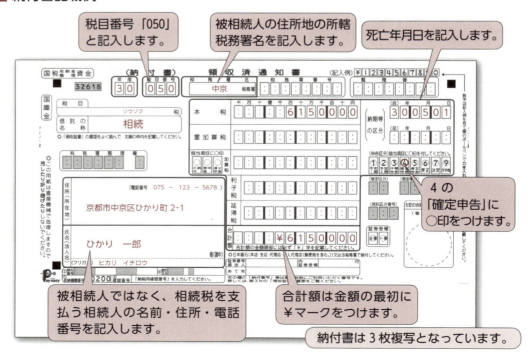

相続税の現金一括納付が困難な場合

前述のとおり、相続税は申告期限内に現金で一括納付するのが原則です。相続した財産の多くが現金預金や金融資産であれば、それほど問題にはならないのですが、相続財産の大半を土地などの不動産が占めている場合には、相続税を納めたくてもそれに見合う現金が手元にないという事態に陥りかねません。

そこで、現金による一括納付が困難な人に対しては、一定の要件を満たせば、相続税を年賦（年払いのローン）で納めることができる「延納」という制度を利用することができます。ただし、完納まで一定の利息（利子税）が付加されます。

また、延納の方法を用いてもなお納付が困難な場合には、現金に代えて、相続した財産そのもので納税する「物納」という制度を利用することもできます。

ただし、延納や物納は事前に税務署に相談をし、許可を得る必要があります。

物納に充てることのできる財産の種類と順序

物納が認められたとしても、物納できる財産には制限があります。また、財産が複数ある場合には、物納に際しての順位も決められています。

第1順位	国債・地方債・不動産・船舶・上場株式等
第2順位	非上場株式等
第3順位	動産

現金一括納付

（原則）

困難なとき

延納

金銭での年賦

それでも困難なとき

物納

相続した不動産などで納税

連帯納付義務

相続税の納付については相続人全員分をまとめて行う必要はなく、申告期限までに個別に納めればよいことになっています。しかし、相続人の誰かが納付を怠った場合には、他の相続人等が相続または遺贈により受けた利益の価額を限度として、相互に連帯して納付しなければならない義務が課せられています。これを「連帯納付義務」といいます。

ただし、納付が困難なため延納申請をしている場合には、他の相続人などに「連帯納付義務」が課せられることはありません。

第6章

9. 自社株式相続の納税猶予制度

> 会社の後継者が自社の株式を相続した場合には、相続税が猶予される制度があります。

　相続税は相続や遺贈により取得したすべての財産に対してかかりますが、会社の後継者が非上場株式である自社株式を相続した場合に、一定の要件を満たせば相続税額のうちその自社株式に係る部分の税額が猶予される制度が設けられています。

　というのも、自社株式は評価が高くなっても簡単に売ることができないため、相続税を納めようとしても納税資金の捻出が難しく、結果として円滑な事業承継や事業継続の妨げとなってしまうことがあるからです。

　これまでは納税猶予を継続し続ける要件が厳しく、なかなか利用しにくかったのですが、平成30年1月から10年間については従来の事業承継税制が拡充され、要件が大幅に緩和された特例が創設されました。

■ 納税猶予特例の内容（平成30年1月～39年（2027年）12月31日）

①	特例認定承継会社の事業を承継する特例後継者が、
②	代表権を有していた被相続人など一定の者から非上場株式を相続し、
③	引き続きその会社を経営していく場合、
④	発行済議決権株式の**全株**を対象に、
⑤	特例後継者が相続した株式に係る相続税額の**全額**を納税猶予されます。

　この特例の適用を受けるためには、平成30年4月1日から35年（2023年）3月31日までの間に、特例承継計画を都道府県に提出し、認定を受けた特例認定承継会社である必要があります。特例承継計画とは、認定経営革新等支援機関の指導および助言のもと、その会社の後継者や事業承継時までの経営計画・見通しなどが記載されたものをいいます。

　この特例認定承継会社の承継計画に記載された後継者が、特例認定承継会社の代表者などからその会社の株式を相続により取得した場合に取得したすべての株式に係る相続税額を特例後継者の死亡の日まで納税猶予されるというわけです。

　この制度を利用する場合、事前準備も必要ですので、承継する自社株式に対する相続税額が非常に高くて事業承継が心配だという場合は、早めに税理士に相談されることをおすすめします。

これまでの事業承継税制は……
発行済株式の最大2/3
×相続した株式の80％相当

つまり…
最大でも半分程度の
納税猶予！

今後10年間は……
相続したすべての株式の
相続税全額

納税猶予額の計算方法

①通常どおりの計算で、後継者の相続税額を計算します。

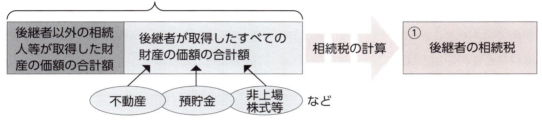

②後継者が取得した財産がこの特例の適用を受ける株式のみと仮定して、後継者の相続税額を計算します。

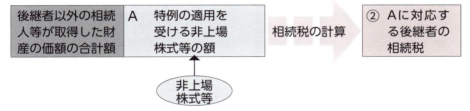

③「②の金額」が相続税の納税猶予額となり、「①の金額」から「②の金額」を控除した残額を相続税の申告期限までに納める必要があります。

猶予された税額の免除と打切り納付

　事業を承継した相続人が、自身が死亡する時までこの特例を適用した自社株式を持ち続けた場合には、猶予された相続税額の納付が全額免除されます。

　ただし、相続税の申告期限の翌日から5年以内に会社が倒産したり、特例を受けた株式を譲渡したりした場合には、猶予されている相続税の全額と猶予期間中の利息に相当する利子税を併せて納付しなければなりません。

第6章

10. 相続税の税務調査の実情

> 相続税の税務調査を受ける割合は他の税目に比べて圧倒的に高く、申告もれの割合も8割以上です。

　相続税の申告書を提出すると同時に心配になるのが税務調査ではないでしょうか。国税庁発表のデータによると相続税の調査割合は申告件数の約21.5%と、法人税や所得税など他の税目と比べても圧倒的に高い調査割合となっています。

　さらに、調査を受けた結果、申告もれが指摘される割合も8割以上と、調査を受けたほとんどの納税者が何らかの申告もれを指摘されています。

■ 平成28事務年度の調査データ（国税庁発表・主に平成26年に発生した相続への調査）

	項目	内容
①	申告件数（平成26年分）	56,239件
②	実地調査の件数	12,116件
③	調査割合	21.5%
④	申告もれの件数	9,930件
⑤	申告もれ割合	82.0%

税務調査の流れ

　テレビのニュースで、段ボールを抱えた国税局の職員が有無をいわさず建物に踏み込んでいく映像を見たことがある方は、税務調査は非常に怖いものだと感じられたと思います。しかし、税務調査にはいくつかの調査方法があり、ニュースになるような調査は「強制調査」といって巨額で悪質な脱税の場合に裁判所の令状を持って踏み込む調査です。

　皆さんが通常経験する税務調査は「任意調査」といわれ、相続税の調査の場合は、まず相続人と担当税理士に連絡があり、お互いの日程調整をすることから始まります。

■ 税務調査の主な流れ

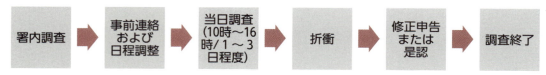

金融資産に集中する申告もれ

相続税の調査は税務署で収集した過去の資料（これまでに提出した所得税の確定申告書や銀行への取引照会、提出された支払調書など）から申告額が少ないと思われるものや、申告義務があるにもかかわらず申告をしていないのではないかと思われるものに対して実施されます。

実際の申告もれ財産の内訳をみてみると、現金・預金などが35.2％と大半が金融資産で占められる結果となっています。

とはいっても、多くのケースがわざと隠ぺいしたのではなく、いわゆる名義預金や名義株、生前贈与のうち相続財産に計上すべきもののうっかり忘れや知識不足による申告もれによるもののようです。

後日の調査でこのような指摘を受けないよう、不安な場合は事前に税理士に相談するようにしてください。

名義預金とは

たとえば、かわいい孫のために口座を開き、そこに毎年100万円をプレゼントしたような場合、この通帳を孫が自由に使える状態にしていれば贈与となりますが、孫が無駄遣いしないように内緒にしている場合は贈与があったとはいえません。これは孫名義の預金とはいえ、実際はプレゼントした人の預金、つまり名義預金とみなされます。そうならないためにも贈与の事実はしっかり残しておきましょう。

無申告・過少申告のペナルティ

申告期限までに相続税の申告書を提出しなかったり、税金を納付期限までに納付しなかったり、申告すべき相続税額が少なかった場合には、ペナルティとして各種の加算税が課されます。加算税は決して少額ではありませんので、もれや間違いのない申告を心がけましょう。

■ 税金のペナルティ

加算税などの種類	ケース	税率
延滞税	納付期限までに税金を納付しなかった	年2.6％、申告期限後2か月目以降は年8.9％[1]
無申告加算税	期限までに申告書を提出しなかった	5％、10％または15％
過少申告加算税	申告税額が少なかった	5％または10％[2]
重加算税	仮装や隠蔽があり悪質な場合	35％または40％

＊1　平成30年の場合の税率です。
＊2　税務調査通知前の自主的な修正申告の場合にはかかりません。

第6章

11. 相続税の修正申告と更正の請求

相続税の申告書を提出した後に、納めた税金が少なかった場合には「修正申告」、逆に多く納め過ぎた場合には「更正の請求」をします。

相続税の申告書を提出した後に、財産の申告もれや計算間違いに気づいたら、「修正申告書」を提出して、足りなかった税額を速やかに納めましょう。税務調査の通知前に自主的に修正申告をした場合には、「過少申告加算税」が免除されますし、早く納めるほど延滞税も少なくなります。

過少申告加算税 P.187

■ 修正申告書（第1表）の記載例（抜粋）

区分	ⓘ修正前の課税額	ⓡ修正申告額	ⓗ修正する額	ⓘ修正前の課税額	ⓡ修正申告額	ⓗ修正する額
取得財産の価額（第11表③）①	193,288,359	213,288,359	20,000,000	96,644,179	116,644,179	20,000,000
相続時精算課税適用財産の価額（第11の2表1⑦）②						
債務及び葬式費用の金額（第13表3⑦）③	2,896,854	2,896,854	0	1,448,427	1,448,427	0
純資産価額（①+②-③）（赤字のときは0）④	190,391,505	210,391,505	20,000,000	95,195,752	115,195,752	20,000,000
純資産価額に加算される暦年課税分の贈与財産価額（第14表1④）⑤						
課税価格（④+⑤）（1,000円未満切捨て）⑥	190,391,000	210,391,000	20,000,000	95,195,000	115,195,000	20,000,000
法定相続人の数及び遺産に係る基礎控除額	（3人）48,000,000	（3人）48,000,000	（0人）			

> 修正前と修正後の課税価格の差額を計算します

更正の請求には期限がある

過去に申告・納税した相続税について、財産評価が適切でなかったり、計算そのものに誤りがあって、納税額が過大であった場合には、税務署に「更正の請求」をすることによって納め過ぎた税金を返してもらうことができます。ただし、この更正の請求は申告期限から5年以内という期限がありますので注意してください。

相続税特有の事由による更正の請求

たとえば、遺産分割協議がまとまらずいったん、法定相続分で申告と納税を済ませた相続税について、調停成立などにより遺産分割が確定した場合や、遺留分の減殺請求が確定した場合のように相続税特有の事由で税金の還付を請求する場合には、上記の期間ではなく、その事由が確定した日の翌日から4か月以内に限って更正の請求をすることができます。

なお、相続人の一方が更正の請求をした場合には、税額が増える相続人は修正申告書を提出しなければなりません。

■ 更正請求書の記載例

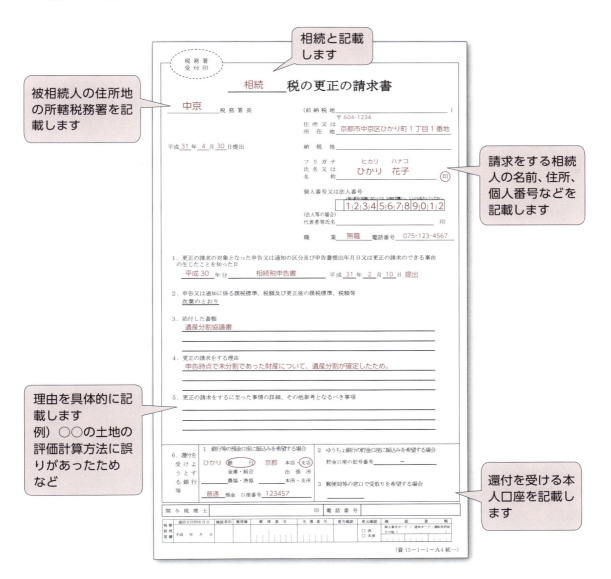

第7章 もしもに備えておきたい生前対策あれこれ

1. 遺言の作成

> たいして財産がないから…、うちの家族は仲がいいから…、といって敬遠されがちな遺言書ですが、会社と家族と従業員を守るために遺言書作成は必須といえます。

社長の遺言書作成は必須

社長に万が一のことが起こったときには、社長の持っていた会社の株式が相続財産になります。そのため、遺産分割協議によって、株式を承継する人を決める必要があります（もし決めなかった場合には、相続人全員の準共有となり、権利関係が複雑になります）。

> 相続人の準共有 P.144

会社の株式は、いったん分散してしまうと、その後の相続によってねずみ算式に株主が拡散していくおそれがあるため、できる限り後継者に集約しておきたいところです。

しかし、遺産分割協議において後継者でない人が「株式は渡してもいいけど、その分、代わりにお金がほしい」と言い出したらどうなるでしょうか。相続財産に現預金が少なく、後継者がその分のお金を工面できなければ、株式の一部を渡すしかありません。そうすると、今後、株主が分散していくおそれがありますし、後継者でない人が会社の経営に意見することができるようになり、将来の経営に不安が残ります。

会社の社長たる者、相続問題に対して真摯に取り組んでおかないと、不幸にも将来の相続争いにつながりかねないことを知っておくべきでしょう。会社と家族と従業員を守るためにもしっかりと相続対策に取り組んでおくのが得策です。

遺言書は自分で作ってもOK？

遺言書を作ろうと思ったときに、自分で作ろうとするケースが多いかと思います。自分で作る（書く）遺言書のことを自筆証書遺言といい、公証役場で作成してもらう遺言書のことを公正証書遺言といいます。

> 公正証書遺言 P.122

いずれも法律上は認められていますが、遺言書は必ず公証役場で作成してもらいましょう。なぜなら、自筆証書遺言は法律上の要件を満たしていない場合など無効になりやすいためです。無効になりやすいポイントを次ページにまとめました。

自筆証書遺言
（自分で作成した遺言）

無効になりやすい！

■ 自筆証書遺言が無効になりやすいポイント

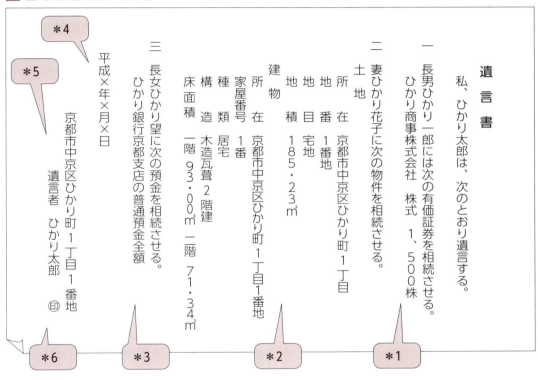

遺言書

私、ひかり太郎は、次のとおり遺言する。

一　長男ひかり一郎には次の有価証券を相続させる。
　　ひかり商事株式会社　株式　1,500株

二　妻ひかり花子に次の物件を相続させる。

土地
　所在　京都市中京区ひかり町1丁目
　地番　1番地
　地目　宅地
　地積　185・23㎡

建物
　所在　京都市中京区ひかり町1丁目1番地
　家屋番号　1番
　種類　居宅
　構造　木造瓦葺2階建
　床面積　一階　93・00㎡　二階　71・34㎡

三　長女ひかり望に次の預金を相続させる。
　　ひかり銀行京都支店の普通預金全額

平成×年×月×日

京都市中京区ひかり町1丁目1番地
　　　　　遺言者　ひかり太郎　㊞

＊1　遺言書に記載のない財産は、遺産分割協議書によって相続する人を決める必要があります。この遺言書では、一〜三に記載された以外の財産には遺言の効力が及ばないため、相続発生後に相続人全員で話合いをする必要があります。
＊2　不動産は、登記事項証明書（登記簿謄本）の記載をそのまま自筆で転記しなければなりません。手間だからといってパソコンを使ってはいけませんし、面積や地番を間違えて記載すると無効になります。また、「自宅」や「別荘」などの記載だけでは不十分です。
＊3　銀行口座は、特定ができるように口座番号まで記載をしておくべきでしょう。記載がないと金融機関が名義変更に応じない場合もあります。また、残高は常に変動するため記載する必要はありません。
＊4　日付も自筆で記載が必要です。「平成30年3月吉日」と書いても特定ができないため無効となります。一方で「平成30年3月末日」と書いた場合には特定できるので有効です。
＊5　署名は、遺言書を作った人のみが行います。夫婦や兄弟で1通の遺言書を作成することはできません。
＊6　押印は、認印でも有効ですが、実印が望ましいでしょう。なお、「指印」も有効ですが、相続が開始した後は確認が困難となるので避けるべきです。

先取り民法（相続関係）改正

自筆証書遺言の方式緩和

　自筆証書遺言の目録について、従来はすべて自書で作成しなければなりませんでしたが、時代を反映してパソコンによる作成でもよいことになります。ただし、自書しない場合には、その目録のページごとに署名押印する必要があります。

　相続財産が多く、不動産や金融資産を多数保有している方が自筆証書遺言を作成しようとする場合、全文自書の要件を満たすためには遺産目録も自書でなければならず、その目録の作成に多大な労力を要することから、このようなケースについては、専門家も公正証書遺言の作成をすすめてきた経緯があります。

　したがって、この要件緩和は、自筆証書遺言を作成するインセンティブを高めることになるでしょう。もっとも、要件緩和が遺言書の偽造や変造のリスクにつながることも考えられますので、注意は必要です。

第7章

2. 生前贈与の活用①：贈与の方法

相続対策に有効な手段のひとつとして、生前贈与がありますが、贈与を行うにあたっては様々な注意点があります。

そもそも「贈与」とは？

一般的な贈与とは、金銭を人にあげることです。一方、法律上の贈与は、贈与をする側の「あげる」という意思表示と贈与を受ける側の「もらう」という意思表示の双方があってはじめて成立します。

贈与できる財産と贈与の方法

贈与できる財産としては、金銭だけでなく、不動産なども含まれます。また、株式（上場、非上場を問いません）を贈与することも可能です。

金銭の贈与は、次項以降で紹介する節税の方法として用いられることが多いですが、会社の社長の場合は、事業承継の一環として株式を後継者に贈与するケースがあります。

また、贈与は、口約束であっても成立しますが、贈与の内容を明確にしておくために書面（贈与契約書）を作っておくべきでしょう。

特に非上場株式は、株券を発行していない場合には、贈与契約書を作成しておかないと、いつ、誰に、何株贈与したのかがわからなくなり、後日、贈与契約の成立について税務署から指摘を受ける場合もあるので、必ず作成をしておきましょう。

贈与契約書の作り方

贈与契約書は、私文書で作成することができます。文案をパソコンで作成して、そこにお互いが署名・捺印をする形式が一般的です。

贈与契約書に記載する日付は、原則はお互いが合意した日になります。それに加えて、確定日付をもらっておくとより安心です。確定日付とは、その日にその書面が存在していたことを証明するもので、作成した贈与契約書を公証役場に持っていくと、確定日付印を押してもらえます。公証役場であれば、全国どこの公証役場でもよく、委任状なども必要ありません。費用は1通700円です。

贈与契約書

　贈与者ひかり太郎（以下、甲という）と受贈者ひかり一郎（以下、乙という）は、本日、以下のとおり贈与契約を締結した。

　第1条　甲は、乙に対し、下記の金銭を贈与することを申し出て、乙はこれを受諾した。

　　一　現金　金500万円

＊不動産や株式を贈与する場合は下記参照。

上記合意の証として、本契約書2通を作成し、甲乙各1通を保管するものとする。

　　平成30年1月1日

日付は合意した日を記載する。ただし、確定日付もとっておく方が望ましい。

署名は必須ではないが、署名と捺印をしておくのが一般的。捺印は認印でも可能。

　　甲　（住所）京都市中京区ひかり町1-1
　　　　（氏名）ひかり太郎　印

　　乙　（住所）京都市中京区ひかり町2-1
　　　　（氏名）ひかり一郎　印

＊不動産の場合（土地を贈与するケース）

土地
　所在　京都市中京区ひかり町1丁目
　地番　1番地
　地目　宅地
　地積　185.23平方メートル

（登記事項証明書（登記簿謄本）のとおりに記載します。また、贈与による所有権移転の登記申請のためには、別途登記申請の要件を満たした書類が必要になります）

＊株式の場合

ひかり商事株式会社の普通株式
1,500株

（なお、上場株式の場合は、別途書類が必要になることもあるので、事前に株式を管理する証券会社などに確認をしてください）

先取り民法（相続関係）改正

配偶者保護のための方策

　婚姻期間が20年以上の配偶者が他の配偶者に対して居住用不動産を贈与した場合に、2,000万円までは贈与税が課税されないという税制上の特典が利用される機会が増えているようですが、税の世界はともかく相続の世界は若干の問題がないわけではありません。

　それは、相続が発生した場合、生前における配偶者に対する贈与が他の相続人、たとえば子の相続分を侵害しているのではないかという問題です。贈与から相続発生までの期間や相続財産全体に占める割合などによって必ずしも問題になるとは限りませんし、そもそも争いのない親子間では問題になることすらないと思いますが、このような問題が内包されている以上、その解決策が求められていました。

　そこで、「婚姻期間が20年以上の夫婦の一方である被相続人が他の一方に対し、その居住の用に供する建物または敷地について遺贈または贈与したときは、民法903条3項の持戻し免除の意思表示があったものと推定する」という規定がおかれることになりました。

　持戻しとは、共同相続人中に、被相続人から遺贈や贈与による特別受益を得た者がいる場合、この特別受益財産を相続財産の価額に加えることをいいますが、被相続人が持戻しを希望しない意思を表明している場合には、この持戻しを行わなくてもよいとするものです。これを持戻しの免除といい、その意思表示があれば、配偶者に贈与した住居は遺産分割の対象から除かれて、相続の対象にはなりません。

　この結果、配偶者が取得した住居は遺産分割の対象から外れて、現預金や不動産などの財産を相続人で分ける際に、配偶者の取り分は実質的に増えることになり、残された配偶者の保護が図られるというわけです。

第7章

3. 生前贈与の活用②：贈与税

> 贈与をするときには、必ず税金のことに気を配りましょう。税金のことを知らなければ、思わぬ落とし穴が待ち受けている可能性があります。

贈与税はどんな税？

　贈与税は、個人から財産の贈与を受けたときにかかる税金です。したがって、会社などの法人から財産を贈与されても贈与税はかかりません（この場合には、贈与税ではなく所得税がかかります）。

　また、贈与税の課税方法には暦年課税制度と相続時精算課税制度の2種類の制度があり、原則は暦年課税制度が適用され、相続時精算課税制度の適用を受ける場合には届出が必要になります。

　暦年課税制度の場合の贈与税は、1月1日から12月31日までの1年間に贈与された財産の合計額から、基礎控除額の110万円を差し引いた金額に対してかかります。

　つまり、1年間にもらった財産の総額が110万円以下であった場合には、その財産をもらった人は、贈与税を納める必要はありません。贈与税がかかるかどうかは、あくまでもらった人を基準として考えます。たとえば、下図の左のケースでは、誰も贈与税を納める必要はありませんが、右のケースでは、合計で120万円となるので子に贈与税がかかります。具体的な贈与税の計算方法は、次ページの表のようになります。

110万円ずつ

誰も贈与税を納める必要はない

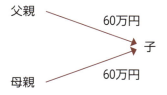

子が贈与を受けた金額は110万円を超えるので贈与税がかかる

■ 贈与税の計算式と速算表

(1年間にもらった財産の合計額 － 基礎控除額110万円)
　　　　　　　　　　　　　　　　　　× 　税率　 － 控除額 ＝ 贈与税の額

(1) 直系尊属（親や祖父母など）から20歳以上の子・孫が財産の贈与を受けた場合（特例税率）

基礎控除額控除後の財産の合計額	税率	控除額
200万円以下	10%	－
400万円以下	15%	10万円
600万円以下	20%	30万円
1,000万円以下	30%	90万円
1,500万円以下	40%	190万円
3,000万円以下	45%	265万円
4,500万円以下	50%	415万円
4,500万円超	55%	640万円

親から財産の合計額が600万円の贈与を受けた場合の贈与税の計算例
　　（600万円－110万円）×20%－30万円＝ 68万円 （納付する贈与税）

(2) (1)以外の場合（一般税率）

基礎控除額控除後の財産の合計額	税率	控除額
200万円以下	10%	－
300万円以下	15%	10万円
400万円以下	20%	25万円
600万円以下	30%	65万円
1,000万円以下	40%	125万円
1,500万円以下	45%	175万円
3,000万円以下	50%	250万円
3,000万円超	55%	400万円

親から財産の合計額が300万円の贈与を受け、かつ、親や祖父母以外から財産の合計額が300万円の贈与を受けた場合の贈与税の計算例
　　300万円＋300万円－110万円＝490万円
　　$(490万円 \times 20\% - 30万円) \times \frac{300万円}{600万円} = 34万円$
　　$(490万円 \times 30\% - 65万円) \times \frac{300万円}{600万円} = 41万円$
　　34万円＋41万円＝ 75万円 （納付する贈与税）

第7章

4. 生前贈与の活用③：暦年贈与

> 暦年贈与をした場合の節税メリットと、実際の申告方法を紹介します。暦年贈与の場合、もらった側が1年間で総額110万円を超えると、贈与税の申告が必要となります。

暦年贈与の節税メリット1（贈与税がかからない範囲で贈与）

　暦年贈与とは、暦年課税制度の適用を受けて贈与をすることです。いつ起こるかわからない相続に対して、贈与は毎年計画的に実施できるので、まだ時間的に余裕がある場合は、暦年贈与を毎年繰り返して行うことで相続税の節税を図り、次世代により多くの財産を残すことができます。

　以下は、暦年贈与を継続した場合に、どれくらい節税になるかの一例です。

- 被相続人の財産は3億円
- 法定相続人は子ども2人
- 孫6人に10年間かけて、110万円ずつ贈与する

	何もしない	対策実行
相続財産	30,000万円	23,400万円
生前贈与	0万円	6,600万円
財産合計	30,000万円	30,000万円
相続税	6,920万円	4,360万円
贈与税	0万円	0万円
税額合計	6,920万円	4,360万円
残せる財産	23,080万円	25,640万円
対策の効果	－	2,560万円

　なお、不動産を贈与した場合は、贈与した財産の価額が110万円以下でも、登録免許税と不動産取得税がかかるので注意が必要です。

暦年贈与の節税メリット2（贈与税を支払って贈与）

相続財産が多い場合には、一定の贈与税を負担しながら贈与を行う方法が効果的です。なぜなら、想定される相続税の税率より、贈与税の税率が低ければ、贈与税を負担してでも生前に移転していく方が総額の税負担が小さくなるためです。110万円を超えて贈与を受けた場合には、財産をもらった人は贈与税の申告が必要となります。贈与税の申告書の書き方は下記を参考にしてください。

申告期限	もらった年の翌年の2月1日から3月15日までに、申告書の提出と納税が必要
申告先・方法	もらった人の住所を管轄する税務署に、持参、郵送、もしくは電子申告にて行う
必要書類	・もらった人のマイナンバーのわかる書類および本人確認の書類の写し ・特例税率を適用する場合には、もらった人の氏名、生年月日と、もらった人とあげた人との関係がわかる書類（もらった人の戸籍謄本など）

■ 暦年課税制度を利用して500万円の現金の贈与を受けた場合の申告書記載例

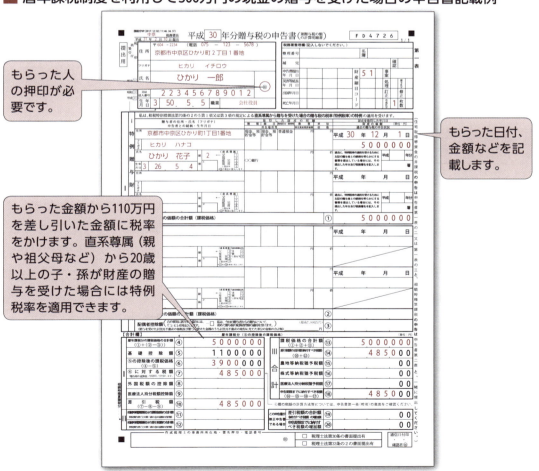

第7章

5. 生前贈与の活用④：相続時精算課税

相続時精算課税制度を利用して贈与をする場合には、メリットとデメリットがあるので、使いどころに注意が必要です。

相続時精算課税制度とは

相続時精算課税制度は、贈与を受ける人の選択により贈与を受けたときに、その贈与税をいったん前払いし、その後、相続時にその贈与財産と相続財産とを合計した金額をもとに計算した相続税額からすでに前払いした贈与税を控除することにより、贈与税と相続税を合わせた納税をする制度です。

この制度は、60歳以上の父母または祖父母から、20歳以上の子または孫に対し、財産を贈与した場合において選択できます。この制度の適用を受けると、2,500万円の贈与税の非課税枠が与えられます。そして、贈与財産の累計がこの非課税枠を超えた場合には、その超えた金額に一律20%の税率をかけて贈与税額を算出します。また、相続が起こるまでであれば、何年かに分けて複数回の贈与も可能ですが、その都度申告が必要になります。

相続時精算課税制度を利用するメリットとデメリット

将来、相続が発生したときの相続財産の総額が、相続税の基礎控除額（3,000万円＋600万円×法定相続人の数）以内の金額で収まるのであれば、贈与税や相続税を負担することなく財産を移転させることができるため、この制度を利用するメリットはおおいにあります。

また、相続税がかかる場合においても、相続時精算課税制度を利用することにより、贈与をした時点の評価額を、将来の相続税の申告に用いることができるため、たとえば、自分の会社の株式の評価額が低いうちに（もしくは一時的に評価額を引き下げたときに）、後継者に贈与をしておけば、贈与をした後にいくら値上がりしたとしても相続税には影響がありません。ほかにも、収益物件や、特定の相続人に取得させたい財産の贈与などにも利用することができます。

ただし、相続時精算課税制度を利用した場合には以下のようなデメリットがありますので、利用については十分な検討が必要です。

①相続時精算課税制度を一度選択したら撤回できない。

②小規模宅地の減額の特例の適用や、物納

の選択ができなくなる。
③不動産の所有権移転に係る登録免許税が相続の場合に比べて割高になる。また、不動産取得税もかかる。

相続時精算課税制度を利用した場合の贈与税の申告の方法

相続時精算課税制度を利用する場合には、もらった年の翌年の2月1日から3月15日までの間に、贈与税の申告書、「相続時精算課税選択届出書」および戸籍謄本などの必要書類を所轄の税務署に提出する必要があります。

■ 相続時精算課税制度を利用して株式の贈与を受けた場合の申告書記載例

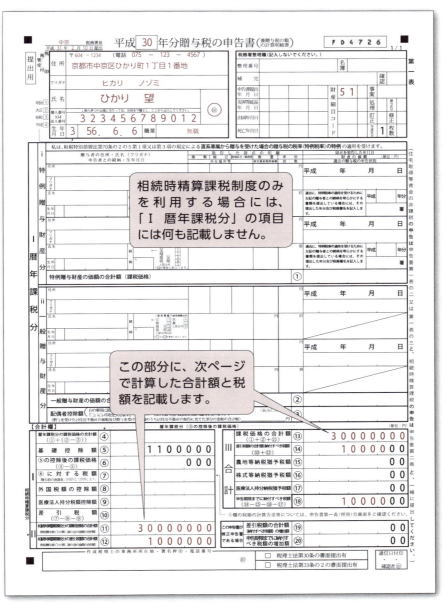

第7章

> 60歳未満の方から、相続時精算課税制度を利用して住宅取得等資金の贈与を受ける場合にはチェックが必要ですが、それ以外はチェックする必要はありません。

平成 30 年分贈与税の申告書（相続時精算課税の計算明細書）

FD4734

受贈者の氏名　ひかり　望

次の特例の適用を受ける場合には、□の中にレ印を記入してください。
□ 私は、租税特別措置法第70条の3第1項の規定による**相続時精算課税選択の特例**の適用を受けます。

（単位：円）

特定贈与者の住所・氏名（フリガナ）
申告者との続柄・生年月日

住所：京都市中京区ひかり町1丁目1番地

フリガナ：ヒカリ　ハナコ
氏名：ひかり　花子

続柄：2　父1．母2．祖父3．祖母4．1～4以外5．

生年月日：3　26．5．4（明治1．大正2．昭和3．平成4．）

左の特定贈与者から取得した財産の明細：
種類：有価証券等　細目：上場株式等　利用区分・銘柄等：京都物産株式会社　数量：10,000株　単価：3,000円

財産を取得した年月日：平成 30 年 12 月 1 日
財産の価額：30,000,000

財産の価額の合計額（課税価格）	㉑	30,000,000
過去の年分の申告において控除した特別控除額の合計額（最高2,500万円）	㉒	0
特別控除額の残額（2,500万円−㉒）	㉓	25,000,000
特別控除額（㉑の金額と㉓の金額のいずれか低い金額）	㉔	25,000,000
翌年以降に繰り越される特別控除額（2,500万円−㉒−㉔）	㉕	0
㉔の控除後の課税価格（㉑−㉔）【1,000円未満切捨て】	㉖	5,000,000
㉖に対する税額（㉖×20％）	㉗	1,000,000
外国税額の控除額	㉘	
差引税額（㉗−㉘）	㉙	1,000,000

> 贈与した株式の数や評価額などを記載します。

> 2,500万円を控除した金額を記載します。

財産細目コード：41

202

相続時精算課税選択届出書

平成 31 年 2 月 10 日
中京 税務署長

受贈者
- 住所又は居所：〒604-1234　電話（075-123-4567）京都市中京区ひかり町1丁目1番地
- フリガナ：ヒカリ　ノゾミ
- 氏名：ひかり　望　㊞
- （生年月日）：（夫・昭・平）56年6月6日
- 特定贈与者との続柄：子

私は、下記の特定贈与者から平成 30 年中に贈与を受けた財産については、相続税法第21条の9第1項の規定の適用を受けることとしましたので、下記の書類を添えて届け出ます。

記

1　特定贈与者に関する事項

住所又は居所	京都市中京区ひかり町1丁目1番地
フリガナ	ヒカリ　ハナコ
氏　名	ひかり　花子
生年月日	明・大・㊫・平　26年　5月　4日

2　年の途中で特定贈与者の推定相続人又は孫となった場合

推定相続人又は孫となった理由	
推定相続人又は孫となった年月日	平成　　年　　月　　日

（注）孫が年の途中で特定贈与者の推定相続人となった場合で、推定相続人となった時前の特定贈与者からの贈与について相続時精算課税の適用を受けるときには、記入は要しません。

3　添付書類

次の(1)～(4)の全ての書類が必要となります。
なお、いずれの添付書類も、贈与を受けた日以後に作成されたものを提出してください。
（書類の添付がなされているか確認の上、□にレ印を記入してください。）

(1) ☑　受贈者や特定贈与者の戸籍の謄本又は抄本その他の書類で、次の内容を証する書類
　① 受贈者の氏名、生年月日
　② 受贈者が特定贈与者の推定相続人又は孫であること

(2) ☑　受贈者の戸籍の附票の写しその他の書類で、受贈者が20歳に達した時以後の住所又は居所を証する書類（受贈者の平成15年1月1日以後の住所又は居所を証する書類でも差し支えありません。）
　（注）受贈者が平成7年1月3日以後に生まれた人である場合には、（2）の書類の添付を要しません。

(3) ☑　特定贈与者の住民票の写しその他の書類で、特定贈与者の氏名、生年月日を証する書類
　（注）（1）の書類として特定贈与者の戸籍の謄本又は抄本を添付するときは、（3）の書類の添付を要しません。

(4) ☑　特定贈与者の戸籍の附票の写しその他の書類で、特定贈与者が60歳に達した時以後の住所又は居所を証する書類（特定贈与者の平成15年1月1日以後の住所又は居所を証する書類でも差し支えありません。）
　（注）1　租税特別措置法第70条の3（（特定の贈与者から住宅取得等資金の贈与を受けた場合の相続時精算課税の特例））の適用を受ける場合には、「平成15年1月1日以後の住所又は居所を証する書類」となります。
　2　（3）の書類として特定贈与者の住民票の写しを添付する場合で、特定贈与者が60歳に達した時以後（租税特別措置法第70条の3の適用を受ける場合を除きます。）又は平成15年1月1日以後、特定贈与者の住所に変更がないときは、（4）の書類の添付を要しません。

(注) この届出書の提出により、特定贈与者からの贈与については、特定贈与者に相続が開始するまで相続時精算課税の適用が継続されるとともに、その贈与を受ける財産の価額は、相続税の課税価格に加算されます（この届出書による相続時精算課税の選択は撤回することができません。）。

作成税理士		㊞	電話番号	

※　税務署整理欄　届出番号　－　名簿　　　確認
※欄には記入しないでください。

吹き出し： 以下の必要書類の提出が必要になります。□にレ印を記入して、必要書類とともに提出します。

右側注記： 「相続時精算課税選択届出書」は、必要な添付書類とともに申告書第一表及び第二表と一緒に提出してください。

第7章

6. どうする認知症対策

> いまや認知症は誰にでも起こる病気になりました。そのため、相続対策だけでなく認知症対策も重要です。

認知症は誰にでも起こる時代

　昨今の高齢化により、認知症の発症件数が急増しています。2012年では、462万人（65歳以上の高齢者の7人に1人）が認知症になっており、2025年には5人に1人になるといわれています。つまり、誰が認知症になってもおかしくない時代を迎えています。

認知症になるとできなくなること

　認知症になるとできなくなること（無効になる法律行為など）を以下にまとめています。ほとんどの相続対策ができなくなるため、相続対策は「まだ早い」と思わずに、健康なうちに少しずつ準備を進めていくことが重要です。

■ 認知症になるとできなくなること、難しくなること（代表例）

自分の財産を使えない	生前対策ができない
□預金の引出し・解約 □株式の取引 □株式の議決権の行使 □不動産の管理 　（新築・建替え・リフォーム・賃貸・売買・解体・登記）	□遺言・信託・任意後見 □生命保険加入・解約 □生前贈与・養子縁組

法定後見と任意後見

　認知症になった後に、預金の引出しなどをする必要があるときには、誰かに代理で行ってもらう必要があります。そこで利用されるのが「後見制度」です。後見制度には「法定後見」と「任意後見」とがあります。法定後見と任意後見の違いは次ページの図のとおりです。

＊なお、法定後見には、本人の判断能力に応じて「成年後見」「保佐」「補助」の制度があります。

法定後見と任意後見のどちらを選ぶべきか？

　法定後見と任意後見の選択にあたっては、財産管理を任せたい家族がいる場合には任意後見を選ぶべきでしょう。なぜなら、法定後見では、財産の管理をする後見人に、主に弁護士や司法書士などの専門家が選ばれるからです。専門家が後見人に選ばれると、たとえ家族と同居していた場合でも、財産の管理を専門家に任せなくてはならなくなります。

法定後見の手続き P.146

　また、任意後見の手続きは、右図のとおりです。任意後見契約を結んだ後、本人の判断能力が低下してはじめて、任意後見契約の効果が発揮されることになります。

　任意後見監督人とは、後見人（財産の管理をする人）が適切に財産の管理をしているかを監督する人であり、直接管理をする

任意後見契約書の作成
（公正証書で作成する必要があります）

判断能力の低下

家庭裁判所へ
「任意後見監督人選任の申立て」

任意後見監督人の選任

任意後見の開始

わけではありません。後見監督人には、弁護士や司法書士が就任することが多く、家庭裁判所の判断により報酬が必要になる場合があります。

民事信託

　後見制度は、あくまで財産の管理が目的なので、投資行為・資産運用などを行うことは困難です。一方、民事信託は、財産管理だけでなく、投資行為・資産運用の方法や、相続発生後の財産の承継先も併せて決めることができ、より自由度の高い契約が可能となります。自由度の高い契約ができる分、契約内容については慎重な検討が必要となりますので、民事信託にくわしい専門家に相談をした方がよいでしょう。

先取り民法（相続関係）改正

預貯金の仮払い制度の創設

　相続財産に含まれる預貯金は、これまでの判例では「法定相続分に応じて各相続人に帰属し、遺産分割の対象にはならない」とされてきましたが、平成28年の最高裁大法廷決定によって、「相続財産に含まれる預貯金債権は準共有となって遺産分割の対象になる」と判例が大きく変更されました。

　しかし、この大法廷決定の補足意見において、「そのように解すると、すぐに預貯金の払戻しを受けたい場合に不都合がある」ことが指摘されていたことから、この問題を立法的に解決するべく「預貯金の仮払い制度」が創設されることになりました。

　ポイントは2つあって、まず1つは、家事事件手続法200条の遺産分割審判前の保全処分の要件を緩和することであり、もう1つは、各共同相続人は相続財産に含まれる預貯金債権額の3分の1に法定相続分を乗じた額については単独で権利行使でき、その分は一部分割として取り扱うということです。

　前者については、家庭裁判所は遺産の分割の審判または調停の申立てがあった場合に、債務の弁済や相続人の生活費の支弁その他の事情により遺産に属する預貯金債権を当該申立てをした者または相手方が行使する必要があると認めるときは、他の共同相続人の利益を害さないことを条件に、その申立てによって預貯金債権の全部または一部をその者に仮に取得させることができるとするものです。

　一方、後者は、各共同相続人は遺産に属する預貯金債権のうち相続開始の時の債権額の3分の1に法定相続分を乗じた額については、単独でその権利を行使することができるものとし、当該権利の行使をした預貯金債権については、当該共同相続人が遺産の一部の分割によって、これを取得したものとみなすとするものです。

　確かに、預貯金債権が準共有になると、債務の弁済や残された相続人の生活費、葬儀費用などの出費に困難を生じる場合もありえますから、こうした「仮払い制度」が機能することによって、相続人の円滑な資金繰りに資することになると期待されています。

先取り民法（相続関係）改正

遺産の一部分割の明文化

　遺産の一部分割については民法907条を改正し、共同相続人は被相続人が遺言で禁じた場合を除いて、いつでも、その協議で遺産の全部または一部の分割をすることができることとし、協議が調わないときや協議できないときは、家庭裁判所に全部または一部の分割を請求することができるとするものです。

　遺産分割は、できる限り一括して行われる方が法的な安定性という観点からは望ましいのですが、協議や調停で一部分割をすることができるのは、私的自治の原則からは当然といえますし、また、審判の場合でも、遺産の範囲に争いがあるなど前提問題の解決に時間を要するなどのやむをえない事情がある場合に一部分割の審判をすることは必ずしも不合理とはいえません。

　そこで、改正法では一部分割を正面から認める一方で、一部分割によって他の共同相続人の利益を害するおそれがある場合には一部分割をすることができない旨のただし書き規定が設けられます。具体的にどのような場合がこのただし書き規定に抵触するのかは、今後の審判の集積を待つことになりましょう。

先取り民法（相続関係）改正

遺産分割前の財産処分の取扱い明文化

　遺産分割前の財産保有関係については、民法898条が「相続人が数人あるときは、相続財産は、その共有に属する」と定めており、判例はこの「共有」について、物権法に定める狭義の共有と解していることから、遺産分割前であっても自由に法定相続分に応じた共有持分を処分することができます。そこで、処分された財産はすでに相続財産から逸出しているので、相続人は持分に応じた代償債権を取得するだけとなり、この代償財産は原則として遺産分割審判の対象にならないというのが判例の立場です。

　もっとも、代償財産についても、遺産分割の対象に含めるという共同相続人全員の合意があるなどの「特別の事情」がある場合には、遺産分割審判の対象にすることができるとされていましたので、この改正は、財産を処分した相続人以外の共同相続人全員の同意があれば、処分された財産が遺産分割時に遺産として存在するとみなすことができるとして、こうした取扱いを明文化するものといえます。

先取り民法（相続関係）改正

遺言執行者の権限の明確化

　遺言執行者の権限については、従来から問題が指摘されていました。たとえば、「相続させる」旨の遺言が物権的な直接効果を持つとすると、この遺言による権利取得者は登記をしなくても第三者に対抗し得ることになりますから、遺言執行者は登記手続きに関与すべき権利も義務もないことになってしまいます。

　一方、不実の登記名義が経由されているような場合には、遺言執行者は、無権利の相続人等に対する抹消登記手続請求や真正な登記名義回復のための移転登記手続請求をすることができるとされていますから、場合によっては混乱が生じることもありました。

　そこで、「相続させる」旨の遺言の物権的効果を立法によって否定し、遺言執行者の権限の明確化が図られます。

　具体的には、次のような内容になります。

1	遺言執行者は、遺言の内容を実現するため、相続財産の管理その他遺言の執行に必要な一切の行為をする権利義務を有するものとする。
2	遺言執行者がある場合には、遺贈の履行は、遺言執行者のみが行うことができるものとする。
3	遺言執行者がその権限内において遺言執行者であることを示してした行為は、相続人に対して直接にその効力を生じるものとする。
4	遺言執行者は、自己の責任で第三者にその任務を行わせることができるものとする。ただし、遺言者がその遺言に別段の意思を表示したときは、その意思に従うものとする。
5	第三者に任務を行わせることについてやむを得ない事由があるときは、遺言執行者は、相続人に対してその選任および監督についての責任のみを負うものとする。

【編者紹介】

□ ひかりアドバイザーグループ

　ひかり税理士法人が中心となって「ひかりアドバイザーグループ」を結成し、各分野の専門家によるアライアンスを通じて関与先に対するワンストップサービスを実現しています。グループには、ひかり監査法人、ひかり司法書士法人、ひかり社会保険労務士法人、ひかり行政書士法人、ひかり戦略会計株式会社、ひかり財産戦略株式会社を加えた7法人が参画し、総勢100名を超える専門スタッフが日夜研鑽に励み、関与先に対する高品質なサービスの提供に邁進しています。

　グループでは、2015年に相続を専門に扱う部署として「一般社団法人ひかり相続センター」を立ち上げ、日本相続知財センターの名称で相続全般に関する幅広いご要望にお応えしています。

【著者紹介】

□ **ひかり税理士法人**　URL http://www.hikari-tax.com
　【京都事務所】〒604-0872　京都市中京区東洞院通竹屋町下る　ひかりビル
　【大阪事務所】〒540-0012　大阪市中央区谷町1-7-4　MF天満橋ビル
　【滋賀事務所】〒525-0032　滋賀県草津市大路1-15-5　ネオフィス草津
　【広島事務所】〒730-0012　広島市中区上八丁堀7-1　ハイオス広島
　【福岡事務所】〒812-0012　福岡市博多区博多駅中央街8-1　JRJP博多ビル
　【東京事務所】〒101-0047　東京都千代田区内神田1-3-1　トーハン第3ビル
　【高崎事務所】〒370-0006　群馬県高崎市問屋町4-7-8　高橋税経ビル
　【さいたま事務所】〒330-0061　さいたま市浦和区常盤4-1-1　浦和システムビル

□ **ひかり監査法人**　URL http://www.hikari-audit.com
　【京都事務所】〒604-0872　京都市中京区東洞院通竹屋町下る　竹屋町法曹ビル
　【東京事務所】〒102-0072　東京都千代田区飯田橋4-6-9　ロックフィールドビル

□ **ひかり司法書士法人**　URL http://www.hikari-sihoushosi.com
　【京都事務所】〒604-0862　京都市中京区烏丸通夷川上る少将井町222　シカタオンズビル
　【大阪事務所】〒540-0012　大阪市中央区谷町1-7-4　MF天満橋ビル
　【東京事務所】〒100-0005　東京都千代田区丸の内3-1-1　国際ビル

□ **ひかり社会保険労務士法人**　URL http://www.hikari-sharoushi.com
　【京都事務所】〒604-0980　京都市中京区御幸町通夷川上る松本町569　北大興ビル

□ **ひかり行政書士法人**　URL http://n-jimu.net
　【京都事務所】〒606-8357　京都市左京区聖護院蓮華蔵町51-1
　【高崎事務所】〒370-0006　群馬県高崎市問屋町4-7-8　高橋税経ビル

□ **一般社団法人ひかり相続センター**　URL http://www.chizai-k.com
　【日本相続知財センター京都支部】〒604-0872　京都市中京区東洞院通竹屋町下る
　　　　　　　　　　　　　　　　　　　　　　　　　　　　　　　　　　　ひかりビル
　【日本相続知財センターなにわ支部】〒540-0012　大阪市中央区谷町1-7-4
　　　　　　　　　　　　　　　　　　　　　　　　　　　　　　　　　　MF天満橋ビル

【執筆担当者紹介】

- **光田 周史**（こうだ しゅうじ）／公認会計士・税理士
  同志社大学 経済学部 卒業
  昭和60年 公認会計士 税理士登録
  ひかりアドバイザーグループCEO
  ひかり監査法人 代表社員
  ひかり税理士法人 代表社員
  京都家庭裁判所家事調停委員
  京都市監査委員
  同志社大学大学院商学研究科非常勤講師
  立命館大学大学院法学研究科非常勤講師

- **谷 淳司**（たに あつし）／税理士
  龍谷大学 経営学部 卒業
  平成8年 税理士登録
  ひかり税理士法人 代表社員
  ひかり戦略会計株式会社 代表取締役
  一般社団法人ひかり相続センター 代表理事

- **岩永 憲秀**（いわなが のりひで）／公認会計士・税理士
  立命館大学 経済学部 卒業
  平成15年 公認会計士登録
  ひかり監査法人 代表社員

- **上田 茂**（うえだ しげる）／司法書士
  立命館大学 法学部 卒業
  平成15年 司法書士登録
  ひかり司法書士法人 代表社員

- **中川 哉**（なかがわ はじめ）／行政書士
  同志社大学 法学部 卒業
  平成16年 行政書士登録
  ひかり行政書士法人 代表社員

- **徳光 耕嗣**（とくみつ こうじ）／社会保険労務士
  関西大学 法学部 卒業
  平成19年 社会保険労務士登録
  ひかり社会保険労務士法人 代表社員

- **則貞 幸太**（のりさだ こうた）／税理士
  同志社大学 法学部 卒業
  平成17年 税理士登録
  ひかり税理士法人 社員　大阪事務所長

- **今井 邦彦**（いまい くにひこ）／税理士
  東京工業大学 工学部 卒業
  平成20年 税理士登録
  ひかり税理士法人 社員　東京事務所長

- **中島 正人**（なかじま まさひと）／税理士
  近畿大学 理工学部 卒業
  平成22年 税理士登録
  ひかり税理士法人 社員

- **三王 知行**（さんのう ともゆき）／公認会計士・税理士
  京都大学 経済学部 卒業
  平成20年 公認会計士登録
  ひかり監査法人 社員

- **安田 篤史**（やすだ あつし）／司法書士
  関西大学 法学部 卒業
  平成22年 司法書士登録
  ひかり司法書士法人 社員　東京事務所長

- **冨永 良男**（とみなが よしお）／司法書士
  京都府立工業高校 卒業
  平成23年 司法書士登録
  ひかり司法書士法人 社員　大阪事務所長

- **鎌田 諭**（かまだ さとる）／司法書士
  大阪学院大学大学院 法学研究科 修了
  ひかり税理士法人 京都事務所所属
  平成19年 司法書士登録
  ひかり司法書士法人 大阪事務所所属
  一般社団法人ひかり相続センター 理事

- **七條 智子**（しちじょう ともこ）／税理士
  一橋大学 商学部 卒業
  平成17年 税理士登録
  ひかり税理士法人 広島事務所長

- **水口 聡子**（みすぐち さとこ）／税理士
  立命館大学 文学部 卒業
  平成18年 税理士登録
  ひかり税理士法人 京都事務所所属

- **竹内 ゆう子**（たけうち ゆうこ）／税理士
  京都産業大学大学院 法学研究科 修了
  平成19年 税理士登録
  ひかり税理士法人 京都事務所所属

- **小川 一郎**（おがわ いちろう）／税理士
  大阪学院大学大学院 経済学研究科 修了
  平成21年 税理士登録
  ひかり税理士法人 京都事務所所属

- **金森 寿香**（かなもり すが）／税理士
  滋賀大学 教育学部 卒業
  平成27年 税理士登録
  ひかり税理士法人 大阪事務所所属

- □ **神谷　浩**（かみや ひろし）／税理士
    東亜大学大学院 法学研究科 修了
    平成29年 税理士登録
    ひかり税理士法人 京都事務所所属

- □ **中村 浩幸**（なかむら ひろゆき）／税理士
    大原簿記専門学校 卒業
    平成29年 税理士登録
    ひかり税理士法人 福岡事務所長

- □ **本城 正貴**（ほんじょう まさき）／公認会計士
    早稲田大学 社会科学部 卒業
    平成22年 公認会計士登録
    ひかり監査法人 京都事務所所属

- □ **三瀬 幸夫**（みせ ゆきお）
    北九州市立大学 商学部 卒業
    ひかり税理士法人 京都事務所所属

- □ **野田　晃**（のだ あきら）
    広島修道大学 商学部 卒業
    ひかり税理士法人 京都事務所所属

- □ **谷岡 篤樹**（たにおか あつき）
    大阪府立大学 経済学部 卒業
    ひかり税理士法人 京都事務所所属

- □ **松山 紅子**（まつやま こうこ）
    京都産業大学 法学部 卒業
    ひかり税理士法人 京都事務所所属

- □ **中村 信貴**（なかむら しんき）
    京都府立城陽高校 卒業
    ひかり税理士法人 京都事務所所属

- □ **伊豆 隼人**（いず はやと）
    京都産業大学 経営学部 卒業
    ひかり税理士法人 京都事務所所属

- □ **中澤 淳一**（なかざわ じゅんいち）
    東洋大学 経営学部 卒業
    ひかり税理士法人 高崎事務所所属

社長に"もしものこと"があったときの手続きすべて

2018年8月6日　発行

編著者　　ひかりアドバイザーグループ ©

発行者　　小泉　定裕

発行所　　株式会社 清文社

東京都千代田区内神田1-6-6（MIFビル）
〒101-0047　電話03(6273)7946　FAX03(3518)0299
大阪市北区天神橋2丁目北2-6（大和南森町ビル）
〒530-0041　電話06(6135)4050　FAX06(6135)4059
URL http://www.skattsei.co.jp/

印刷：大村印刷

■著作権法により無断複写複製は禁止されています。落丁本・乱丁本はお取り替えします。
■本書の内容に関するお問い合わせは編集部までFAX（06-6135-4056）でお願いします。
■本書の追録情報等は、当社ホームページ（http://www.skattsei.co.jp）をご覧ください。

ISBN978-4-433-64858-9